L'AMENDE FORFAITAIRE DÉLICTUELLE

BIBLIOTHÈQUE*S* DE DROIT

COLLECTION FONDÉE ET DIRIGÉE PAR JEAN-PAUL CÉRÉ

Cette collection a pour vocation d'assurer la diffusion d'ouvrages scientifiques sur des thèmes d'actualité ou sur des sujets peu explorés dans le domaine des sciences juridiques. Elle se destine notamment à la publication de travaux de jeunes chercheurs.

Dernières parutions :

Nathalie FOURNIER DE CROUY, *Pour une justice réparatrice. Repenser la fonction de juger à l'aune de la médiation*, 2025.

M. GIACOPELLI et J.-P. CERE (dir.), *Le rôle de l'assesseur citoyen devant la commission de discipline en prison*, 2024.

G. DELI, *Juste vivre. Vers une théorie juridique éthique*, 2023.

E. GINDRE (dir.), *La dignité des personnes détenues dans les prisons des Outre-Mer,* 2023.

M. Dos Santos, *La gravité en droit international pénal. Une notion insaisissable et instrumentalisée*, 2023.

C. MENABE et J. LEONHARD (dir.), *Réinsérer les femmes et les mineurs face au soupçon de danger terroriste.*

P. KEUBOU, *La procédure pénale au Cameroun.*

C. MENABE et J. LEONHARD (dir.), *Femmes, mineurs et terrorisme.*

J. FALXA (dir.), *Coopération judiciaire internationale en matière pénale. France, Brésil, Suriname*

N. JOUENNE-PEYRAT, *L'encadrement pénal de la prostitution des mineurs.*

J-P. CERE, *Droit disciplinaire pénitentiaire, 2e édition*, 2020.

A. CHARRUAU, *L'avenir du juge unique.*

M. MANET, *Le devenir juridique de la dignité. Une étude de la Charte africaine des droits de l'homme et des peuples.*

M. GALIMMARD, *L'incrimination de la zoophilie.*

M. PELTIER-HENRY, *Le droit pénal à l'épreuve des neurosciences.*

T. TOUZEAU, *Recel et blanchiment. Nouvelles sources de cumul de qualifications.*

Aymeric CHIBRAC

L'AMENDE FORFAITAIRE DÉLICTUELLE

Préface de Nicolas BAREÏT

L'Harmattan

5-7, rue de l'École polytechnique - 75005 Paris

www.editions-harmattan.fr
ISBN : 978-2-336-54792-3
EAN : 9782336547923

À Énora, Maëwenn et Maxime, mes chers colocataires.

À Juliette, ma camarade de mémoire.

À Clara, ma chère relectrice.

À Alexandra, ma maman.

PRÉFACE

Qu'est-ce que le procès pénal ?
Sans doute y a-t-il quelque naïveté à formuler l'interrogation de la sorte. Naïveté rassurante, qui postule une essence éternelle du « procès pénal ».
Un procès, une procédure, est une technique juridique de mise en œuvre d'une action en justice visant au prononcé d'un jugement. Or, la technique juridique n'est jamais neutre ; elle est la traduction, la projection d'une politique[1] – en droit pénal ou ailleurs, que cela plaise ou non[2].
Dis-moi comment tu juges et je te dirai quel groupe social tu es.
Il convient alors de reformuler la question initiale : qu'est-ce que le procès pénal, en France, au XXIe siècle ? La réponse n'est pas simple. Le procès pénal, au singulier, n'existe plus (mais a-t-il jamais existé ? Songez au jugement différencié des contraventions, des délits et des crimes). Des procès pénaux, au pluriel, sont aujourd'hui organisés par notre législation.

---

[1] Comp. P. Roubier, *Théorie générale du droit. Histoire des doctrines juridiques et philosophie des valeurs*, Sirey, 1951, 2e éd., p. 87 : la technique juridique comprend « l'étude de l'ensemble des moyens par lesquels est traduit, à l'état de règle, le but qui a été entrevu par la politique juridique ».
[2] V. par exemple Ph. Conte, « Peut-on encore prendre le législateur au mot ? Supplique pour le droit pénal », Dr. pén., 2023, n° 11, étude 21, p. 10, qui fustige « le mépris du droit et de ses qualifications, comme s'il n'était qu'un instrument politique pouvant être ployé en tous sens pour satisfaire aux aspirations les plus diverses ».

Cette pluralité procédurale doit être interrogée, bien sûr. Où est le droit commun, désormais, dans le Code de procédure pénale ? Le droit commun de l'enquête de police ? Celui de la mise en état de l'affaire ? Celui du jugement ? De l'exécution de la peine ? Le droit commun ne s'efface-t-il pas au profit d'un droit spécial, parallèle[3], dérogatoire – entendez : moins respectueux des droits fondamentaux ? Autant de questions à élucider dans un État de droit qui entend mériter son nom.
Mais avant les questions, les constats sont nécessaires. La description de ce qui est. La description précise et objective de la réalité. Il s'agit de positivisme bien compris et c'est ainsi que le chercheur commence à faire de la science.

Aymeric Chibrac appartient à la famille des chercheurs. Il en apporte ici la preuve. De lui-même, il a eu l'intuition qu'une procédure pénale singulière méritait examen : l'amende forfaitaire délictuelle. Et il s'est employé méthodiquement, patiemment, à conforter sa première intuition en labourant un terrain peu défriché par la doctrine.
Dans un mémoire de recherche préparé dans le cadre du Master 2 *Police et sécurité intérieure* de l'Université de Pau, M. Chibrac s'est attaché à décrire le fonctionnement de l'amende forfaitaire délictuelle, à en imaginer l'extension (le droit spécial, souvent, fait tache d'huile[4]), à en jauger les limites.

---

[3] V. Ch. Lazerges, « Dédoublement de la procédure pénale et garantie des droits fondamentaux », *Les droits et le Droit. Mélanges dédiés à Bernard Bouloc*, Dalloz, 2007, p. 573 et s.
[4] V. R. Gassin, « Lois spéciales et droit commun », D. 1961, chron., p. 96 ; Ch. Goldie-Genicon, *Contribution à l'étude des rapports entre le droit commun et le droit spécial des contrats*, L.G.D.J, coll. « Bibliothèque de droit privé », t. 509, 2009, p. 318 et s.

Le mémoire était excellent et répondait au canon de la recherche universitaire. Il a d'ailleurs obtenu le prix du meilleur mémoire des Masters de Droit pénal de l'Université de Pau et des Pays de l'Adour.
Le voici désormais publié, à la disposition d'un large public. Il faut espérer que ce travail de grande qualité sera lu par celles et ceux qui réfléchissent au présent et à l'avenir du procès pénal en France. Ils y trouveront matière à réflexion, à discussion aussi – c'est le signe d'un travail intellectuel engagé.
Il faut espérer également que cet ouvrage sera lu par ceux et celles qui douteraient de l'intérêt d'étudier une procédure qui, à l'image de l'amende forfaitaire délictuelle, pourrait être qualifiée de « marginale ». Les sciences humaines ont déjà montré comment l'analyse des marges d'une société – par exemple la cité grecque antique[5] – permettait de comprendre le cœur de celle-ci. L'ouvrage de M. Chibrac met, à son tour, en lumière que l'exploration d'une procédure soi-disant marginale est révélatrice de l'essence du procès pénal ou des procès pénaux français. De la périphérie vers le centre : la démonstration vaut le détour. En droit ou ailleurs.

Nicolas BAREÏT
Maître de conférences HDR en droit privé et sciences criminelles
Université de Pau et des Pays de l'Adour
Institut Fédératif de recherches sur les Transitions Juridiques

---

[5] V. P. Vidal-Naquet, *Le chasseur noir. Formes de pensée et formes de société dans le monde grec*, La Découverte/Poche, 2005 [1981], p. 17-18.

TABLE DES ABRÉVIATIONS

§	Paragraphe
AFD	Amende forfaitaire délictuelle
AJ Pénal	Actualité juridique pénal
al.	alinéa
ANTAI	Agence nationale de traitement automatisé des infractions
APJ	Agent de police judiciaire
Art.	Article
c.	contre
C. civ.	Code civil
C. constr. et habit.	Code de la construction et de l'habitation
C. envir.	Code de l'environnement
C. just. pén. min.	Code de justice pénale des mineurs
C. pén.	Code pénal
C. pr. civ.	Code de procédure civile
C. pr. civ. exéc.	Code des procédures civiles d'exécution
C. pr. pén.	Code de procédure pénale
C. route	Code de la route
C. santé publ.	Code de la santé publique
C. sécur. int.	Code de la sécurité intérieure
C. sport	Code du sport
C. transp.	Code des transports
Cass. crim.	Chambre criminelle de la Cour de cassation
CE	Conseil d'État

CEDH	Cour européenne des droits de l'homme
Cons. const.	Conseil constitutionnel
DACG	Direction des affaires criminelles et des grâces
DGPN	Direction générale de la Police nationale
éd.	édition
Ibid.	*Ibidem* = au même endroit
infra	ci-dessous
Fasc.	Fascicule
JORF	Journal officiel de la République française
n°	numéro
Op. cit.	*Opere citato* = dans l'œuvre citée
OPJ	Officier de police judiciaire
p(p).	page(s)
PUF	Presses universitaires de France
PVe	Procès-verbal électronique
req.	requête
suiv.	suivants
supra	ci-dessus
TA	Tribunal administratif
V.	Voir

INTRODUCTION

> « La seule notion de gravité, qui engage un certain type de poursuites ou la renonciation à d'autres, doit être appréhendée sous couvert d'autres réalités à savoir : la nécessité de maîtriser les flux, d'assurer une gestion des ressources humaines et des moyens de la juridiction et de ne pas malmener ses capacités d'audiencement »[1].

Définie comme « une procédure de transaction : lorsque le contrevenant paie l'amende, dont le montant est inférieur au maximum légal encouru, l'action publique est éteinte sans qu'il y ait recours au juge »[2], comme une « forme de peine "alternative" »[3], ou encore comme « une sanction pénale applicable à certains délits et qui est prononcée en dehors d'un procès »[4], la procédure de l'amende forfaitaire, pouvant actuellement concerner certaines contraventions ainsi que certains délits, paraît ne pas susciter un consensus certain dans sa définition et dans sa nature.

Pour autant, cette procédure est une réponse apportée par le législateur à ces quelques problématiques actuelles rencontrées par la justice pénale et relevées ci-dessus.

---

[1] ALIX J. et DARSONVILLE A., *Gravité et droit pénal*, Mare & Martin, 2021, p. 201.

[2] Étude d'impact du projet de loi d'orientation et de programmation du ministère de l'Intérieur, 6 septembre 2022, p. 115.

[3] DARMANIN G., compte-rendu intégral de la séance devant le Sénat, 13 octobre 2022, p. 3892.

[4] DÉFENSEURE DES DROITS, « Décision-cadre n°2023-030 relative à l'amende forfaitaire délictuelle », 30 mai 2023, p. 8.

Devant ces définitions différentes dans leur approche, ayant trait à des notions juridiques bien ancrées et distinctes telles que « transaction » et « sanction pénale », il convient alors à ce stade de sélectionner une définition juridique classique et un tant soit peu consensuelle.

Le terme « amende », qui est un dérivé du verbe « amender », provient étymologiquement du latin *emendare* qui signifie « corriger »[5]. Dans son sens général, une amende peut être définie comme « une pénalité pécuniaire consistant dans l'obligation de verser au Trésor public une somme d'argent déterminée par la loi (le plus souvent fixée par le juge entre un maximum et un minimum légal) »[6].

En ce qui concerne plus particulièrement la notion d'amende forfaitaire, elle peut de son côté être définie comme « une amende pénale de police dont le montant est fixé à l'avance selon la nature de l'infraction et qui est payée entre les mains de l'agent verbalisateur ou au moyen d'un timbre-amende (le paiement éteignant l'action publique) »[7].

L'amende forfaitaire est dite contraventionnelle lorsque l'infraction concernée est une contravention, et elle est dite délictuelle lorsque l'infraction concernée est un délit. Cette dernière a été créée récemment, contrairement à la première qui était la pionnière en la matière.

Un historique assez complet de l'amende forfaitaire parait être nécessaire, afin d'en comprendre tous les tenants et aboutissants. Pour cela, l'étude des lois relatives à la création et au développement de l'amende forfaitaire vont être évoquées, à tout le moins les plus importantes.

---

[5] CORNU G., *Vocabulaire juridique*, PUF, 15ème éd., 2024, p. 60.
[6] *Ibid.*
[7] *Ibid.*

De plus, une attention particulière se doit d'être portée sur les travaux parlementaires ayant mené à l'adoption et la promulgation de ces lois, surtout les plus récentes, dans le but d'appréhender avec précision les objectifs politiques du législateur et les finalités contemporaines de l'amende forfaitaire.

Le mécanisme de l'amende forfaitaire a vu le jour pour la première fois lors du décret-loi concernant l'unification des compétences en matière de police de la circulation et de la conservation des voies publiques du 28 décembre 1926, publié au Journal officiel le 30 décembre 1926. Il était à cette époque prévu qu' « une autre innovation, empruntée à certaines législations étrangères, consiste à permettre aux délinquants, pour les contraventions à la police de la circulation seulement, d'effectuer immédiatement le payement de l'amende entre les mains d'agents verbalisateurs spécialement habilités et munis à cet effet d'un carnet de quittances à souches »[8].

Cette innovation s'est poursuivie et renforcée par l'adoption du décret-loi du 30 juin 1934 concernant la simplification de la procédure relative aux infractions de la police des chemins de fer, publié au Journal officiel le 8 juillet 1934, qui disposait notamment que « le contrevenant […] a […] la faculté d'arrêter toute poursuite en effectuant immédiatement, entre les mains de cet agent [verbalisateur], le payement d'une indemnité forfaitaire »[9], pour des contraventions « qui sont commises par tout voyageur qui, lorsque la perception des taxes s'effectue dans les gares, prend place dans une voiture sans être muni d'un billet ou qui effectue un parcours pour lequel il ne peut présenter un billet valable ou qui occupe […] une place d'une classe supérieure à celle à laquelle son billet

---

[8] JORF, n°0303, 30 décembre 1926, p. 13699.
[9] JORF, n°0160, 8 juillet 1934, p. 6861.

lui donne droit »[10]. Il s'agissait alors d'une première extension du mécanisme de ce qui était alors nommé « indemnité forfaitaire », qui concernait dès lors les contraventions à la police des chemins de fer, en plus de celles à la police de la circulation.

Par la suite, « après bien des modifications législatives et réglementaires dans le détail desquelles il n'est plus utile d'entrer », la dénomination de l'indemnité forfaitaire a été remplacée par celle de l'amende forfaitaire, qui a fait son apparition dans le Code de procédure pénale avec l'ordonnance n°58-1296 du 23 décembre 1958 modifiant et complétant le Code de procédure pénale, publiée au Journal officiel le 24 décembre 1958. En particulier, son article 529 disposait que « dans les matières spécialement prévues par la loi, les contraventions peuvent donner lieu au payement immédiat d'une amende forfaitaire entre les mains de l'agent verbalisateur. En cas de refus de payement de l'amende forfaitaire, il est procédé conformément aux dispositions des articles 531 et suivants »[11], relatifs à la saisine du tribunal de police.

Quelques années après, la loi n°66-484 du 6 juillet 1966 tendant à simplifier le paiement de l'amende forfaitaire a notamment créé le timbre-amende, qui permet de s'acquitter de l'amende forfaitaire dans un délai de quinze jours après la commission de l'infraction, et non pas immédiatement auprès de l'agent verbalisateur. De plus, avec cette loi, le paiement « emporte extinction de l'action publique. Par ailleurs, le paiement n'est pas assimilé à une première condamnation et, ce faisant, les règles relatives à la récidive[12] ne s'appliquent pas »[13].

---

[10] *Ibid.*

[11] JORF, n°0300, 24 décembre 1958, p. 11733.

[12] De manière volontairement simple et très résumée, les règles relatives à la récidive permettent d'aggraver la peine encourue par un

Ensuite, la loi n°72-5 du 3 janvier 1972 tendant à simplifier la procédure applicable en matière de contraventions est venue « judiciarise[r] la procédure de l'amende forfaitaire »[14]. Par ailleurs, elle est venue créer la procédure de l'ordonnance pénale, qui a pour point commun avec l'amende forfaitaire d'être une procédure dite « simplifiée » de jugement, et qui peut être utilisée par le ministère public en cas de contestation de l'amende forfaitaire. Cette loi a permis d'établir les règles d'un mécanisme encore en vigueur actuellement, notamment en matière de recouvrement d'une amende impayée par le Trésor public, ou encore de l'opportunité du ministère public de procéder à un classement sans suite ou d'engager des poursuites devant la juridiction compétente en cas de contestation de l'individu verbalisé, en utilisant la procédure simplifiée de l'ordonnance pénale ou bien la procédure ordinaire.

Quant à elles, les lois n°84-1407 du 30 décembre 1985 portant diverses dispositions de procédure pénale et de droit pénal et n°89-469 du 10 juillet 1989 relative à diverses dispositions en matière de sécurité routière et en matière de contraventions sont venues créer respectivement l'amende forfaitaire majorée et l'amende forfaitaire minorée, qui existent encore actuellement.

Enfin, dernière loi d'importance en matière d'amende forfaitaire contraventionnelle, la loi n°2011-1862 du 13 décembre 2011 relative à la répartition des contentieux et à l'allègement de certaines procédures juridictionnelles est venue étendre cette procédure simplifiée aux

---

individu ayant commis une deuxième infraction, sous certaines conditions, lorsqu'une première condamnation définitive a déjà été prononcée contre cet individu pour une première infraction commise.

[13] CÉRÉ J.-P., « Amende forfaitaire », *Répertoire de droit pénal et de procédure pénale*, Dalloz, actualisé en novembre 2023, §1 Origine.

[14] *Ibid.*

contraventions de cinquième classe[15], alors qu'elle n'était initialement prévue que pour les contraventions des quatre premières classes. L'adoption de cette loi vient témoigner de l'essor connu par le mécanisme de l'amende forfaitaire, dont le nombre de contraventions concernées a augmenté considérablement au fil des décennies[16].

Aujourd'hui, les dispositions législatives de la procédure de l'amende forfaitaire contraventionnelle sont régies par les articles 529 à 530-6 du Code de procédure pénale, tandis que les dispositions réglementaires pour leur part sont régies par les articles R48-1 à R49-8 du Code de procédure pénale. En outre, il convient de relever que les articles R2241-33 à R2241-37 du Code des transports traitent également de l'application de cette procédure.

Une nouvelle étape d'importance et un changement de paradigme dans ce domaine sont marqués par la loi n°2016-1547 de « modernisation de la justice du XXIème siècle » du 18 novembre 2016, dans son article 36, qui est venue élargir la procédure de l'amende forfaitaire à la matière délictuelle, laquelle est prévue par les articles 495-17 à 495-25 du Code de procédure pénale pour la partie législative.

---

[15] Les cinq derniers alinéas de l'art. R48-1 C. pr. pén. prévoient les contraventions de la cinquième classe pour lesquelles l'action publique est éteinte par le paiement d'une amende forfaitaire.

[16] Art. R48-1 C. pr. pén. prévoit la liste des contraventions concernées par le mécanisme de l'amende forfaitaire, avec actuellement des contraventions prévues par le Code pénal, le Code des transports, le Code de l'environnement, le Code de la route, le Code des assurances, le Code forestier, le Code rural et de la pêche maritime, le Code de la santé publique, le Code des postes et des communications électroniques, le Code du sport, le Code de la sécurité intérieure, le Code de la défense, le Code de l'aviation civile et le Code de l'énergie.

La procédure de l'amende forfaitaire délictuelle concernait, après la promulgation de la loi, exclusivement les délits de défaut de permis de conduire[17], pouvant être sanctionné par une amende forfaitaire délictuelle de 800 euros, minorée à 640 euros en cas de paiement rapide et majorée à 1600 euros en cas de non-paiement, et de défaut d'assurance[18], avec cette fois une amende forfaitaire délictuelle de 500 euros, minorée à 400 euros et majorée à 1000 euros.

L'adoption d'une telle procédure ne coulait pas de source, puisqu'elle n'était pas prévue à l'origine du processus législatif[19]. En effet, le projet de loi initial déposé au Sénat le 31 juillet 2015, dans son article 15, ne prévoyait pas cette création. Il envisageait plutôt de « transformer en contraventions de la cinquième classe les délits de défaut de permis de conduire et défaut d'assurance »[20], afin de pouvoir les sanctionner par l'application d'une amende forfaitaire, jusqu'alors réservée au domaine contraventionnel. Cependant, à l'occasion des travaux et des débats sur le texte après sa transmission à l'Assemblée nationale, les députés ont fait le choix de créer un article additionnel, adopté après avis favorable du Gouvernement, pour appliquer la procédure

---

[17] Art. L221-2 C. route.

[18] Art. L324-2 C. route.

[19] Le processus législatif est un synonyme de « procédure législative ». Il comprend les trois phases principales de l'adoption d'une loi, à savoir : le dépôt du texte de loi, son examen et sa possible modification par le Parlement (Assemblée nationale et Sénat), puis sa promulgation par le président de la République après une éventuelle saisine du Conseil constitutionnel pour contrôler la conformité de la loi votée à la Constitution.

[20] Texte n°661 (2014-2015) de Mme Christiane TAUBIRA, garde des sceaux, ministre de la Justice, déposé au Sénat le 31 juillet 2015, p. 15.

d'amende forfaitaire aux délits précités[21]. Finalement, la version définitive de la loi adoptée et promulguée tient compte de cette modification, apportée « afin de parvenir à l'objectif recherché, c'est-à-dire l'amélioration de la répression des infractions routières [...] [en prévoyant] une extension du mécanisme de l'amende forfaitaire actuellement possible pour les contraventions aux délits routiers, avec des amendes plus élevées »[22].

Le décret n°2017-429 du 28 mars 2017 pris pour l'application des articles 495-25 et 706-111-1 du Code de procédure pénale est venu insérer les articles D45-3 à D45-21, afin de réglementer les différentes dispositions relatives à la procédure du mécanisme de l'amende forfaitaire délictuelle.

Par la suite, un premier développement de la procédure de l'amende forfaitaire délictuelle a vu le jour avec la loi n°2018-957 du 7 novembre 2018 relative à l'accueil des gens du voyage et à la lutte contre les installations illicites qui est venue ajouter à l'infraction d' « installation illicite en réunion sur le terrain d'autrui » la possibilité pour les agents verbalisateurs d'infliger une amende forfaitaire délictuelle d'un montant de 500 euros, pouvant être minorée à 400 euros et majorée à 1000 euros[23]. Une fois encore, l'étude des travaux parlementaires ayant mené à l'adoption de cette loi permet de comprendre les raisons d'un tel choix.

---

[21] V. en ce sens les travaux de la commission des lois constitutionnelles, de la législation et de l'administration générale de la République de l'Assemblée nationale sur ce projet de loi.

[22] Rapport n°3726 fait au nom de la commission des lois constitutionnelles, de la législation et de l'administration générale de la République (commission des lois) sur le projet de loi de modernisation de la justice du XXIème siècle, enregistré à la Présidence de l'Assemblée nationale le 6 mai 2016, p. 202.

[23] Art. 322-4-1 C. pén.

En effet, la proposition de loi initiale déposée par des sénateurs[24] préconisait de transformer ce délit en une contravention de quatrième classe, pour permettre une application du mécanisme de l'amende forfaitaire contraventionnelle. Néanmoins, cette proposition « ferait disparaitre le caractère délictuel de cette infraction et ne permettrait plus l'application de certains actes de procédure réservés aux délits : par exemple, aucune garde à vue ne pourrait être réalisée en cas d'occupation illicite d'un terrain d'autrui »[25].

De plus, « en application des articles 34 et 37 de la Constitution, la détermination des contraventions relève du seul pouvoir réglementaire et non du législateur »[26]. Pour ces deux raisons, le législateur a fait le choix d'opter plutôt pour la création de la possibilité d'infliger une amende forfaitaire délictuelle pour cette infraction, et d'étendre cette procédure à d'autres types de délits que des délits routiers.

À peine quelques mois plus tard, un accroissement de plus grande ampleur du nombre de délits concernés par la procédure de l'amende forfaitaire délictuelle a émergé par la loi n°2019-222 du 23 mars 2019 de programmation 2018-2022 et de réforme pour la justice qui, dans son article 58, a étendu la possibilité de prononcer une amende forfaitaire délictuelle pour plusieurs nouvelles catégories de délits, en l'espèce « la vente d'alcool non autorisée pour les débits de boissons et cafés ouverts pour certaines

[24] Une proposition de loi provient du pouvoir législatif (députés ou sénateurs) tandis qu'un projet de loi provient du pouvoir exécutif (Gouvernement), avant d'être débattus devant le Parlement.

[25] Rapport n°44 fait au nom de la commission des lois sur la proposition de loi relative à l'accueil des gens du voyage et à la lutte contre les installations illicites, enregistré à la Présidence du Sénat le 25 octobre 2017, p. 60.

[26] *Ibid.*

occasions »[27], « la vente d'alcool à des mineurs »[28], « l'usage de stupéfiants »[29] qui est depuis devenu un des symboles de l'utilisation de l'amende forfaitaire délictuelle, « la vente à la sauvette »[30], « l'occupation en réunion des hall d'immeuble »[31] et « les délits liés à la non-conformité de la carte du conducteur »[32], avec des amendes forfaitaires délictuelles d'un montant différent suivant les délits.

Il convient de mentionner que, lors des travaux parlementaires, en commission des lois en première lecture devant le Sénat, ayant mené à l'adoption de cette loi, un amendement, proposé par les rapporteurs, visant à étendre le mécanisme de l'amende forfaitaire délictuelle à l'intégralité des délits punis d'une seule peine d'amende, avait été adopté[33]. Cet amendement prévoyait une amende forfaitaire délictuelle d'un montant de 300 euros, pouvant également être minorée ou majorée, lorsque l'individu reconnaissait les faits qui lui étaient reprochés et que la victime éventuelle était désintéressée[34]. Toutefois, cet amendement a été supprimé par la commission des lois de l'Assemblée nationale au cours du processus législatif, et la proposition de recourir à la procédure de l'amende forfaitaire délictuelle pour tous les délits punis d'une seule

---

[27] Art. L3352-5 C. santé publ.
[28] Art. L3353-3 C. santé publ.
[29] Art. L3421-1 C. santé publ.
[30] Art. 446-1 C. pén.
[31] Art. L126-3 C. constr. et habit., depuis transféré à l'art. L272-4 C. sécur. int.
[32] Art. L3315-5 C. transp.
[33] V. Amendement n°210 au projet de loi de programmation 2018-2022 et de réforme pour la justice, déposé le 1 octobre 2018 devant la commission des lois du Sénat.
[34] Texte n°7 (2018-2019) du projet de loi de programmation 2018-2022 et de réforme pour la justice, adopté par le Sénat le 23 octobre 2018, nouvel art. 495-17-1 C. pr. pén., pp. 77-78.

peine d'amende n'a pas été retenue dans le texte de loi finalement adopté et promulgué.

Puis, au fil des mois suivants, divers autres délits se sont vu octroyer la possibilité d'être sanctionnés par la procédure de l'amende forfaitaire délictuelle. Il s'agit des délits d' « abandon de déchets »[35], de « vol d'une chose d'un montant inférieur ou égal à 300 euros »[36] et d' « usage de fusées et artifices, détention d'arme par destination dans une enceinte sportive »[37].

L'année dernière, une augmentation très considérable du nombre de délits concernés par la procédure de l'amende forfaitaire délictuelle s'est produite avec l'article 25 de la loi n°2023-22 du 24 janvier 2023 d'orientation et de programmation du ministère de l'Intérieur. Une fois de plus, il convient de relever que le projet de loi initial déposé par le Gouvernement devant le Parlement proposait une option différente, à savoir de « rendre, par principe, la procédure de l'amende forfaitaire délictuelle applicable d'une part, à tous les délits punis d'une seule peine d'amende, et d'autre part, aux délits punis d'une peine d'emprisonnement d'un an au plus »[38].

La volonté d'une extension globalisée de l'amende forfaitaire délictuelle s'est également retrouvé dans cette loi, au même titre que la loi précédemment évoquée du 23

---

[35] AFD de 1500 euros d'après l'art. L541-46 C. envir., modifié par l'art. 97 de la loi n°2020-105 du 10 février 2020 relative à la lutte contre le gaspillage et à l'économie circulaire.

[36] AFD de 300 euros d'après l'art. 311-3-1 C. pén., créé par l'art. 28 de la loi n°2022-52 du 24 janvier 2022 relative à la responsabilité pénale et à la sécurité intérieure.

[37] AFD de 500 euros d'après l'art. L332-8 C. sport, modifié par l'art. 54 de la loi n°2022-296 du 2 mars 2022 visant à démocratiser le sport en France.

[38] Étude d'impact du projet de loi d'orientation et de programmation du ministère de l'Intérieur, *op. cit.*, p. 120.

mars 2019 concernant les délits punis d'une seule peine d'amende, avec cette fois un ajout et non des moindres, celui des délits punis d'une peine d'emprisonnement d'un an au plus. Pour justifier cette volonté politique, le Gouvernement a ensuite précisé que « si jusqu'à présent le législateur a fait le choix d'examiner délit par délit et de fixer à chaque fois les montants dont le paiement lui paraissait devoir éteindre l'action publique au regard de l'infraction considérée, aucune règle ni aucun principe n'interdit l'autorisation de recourir de façon transversale à l'amende forfaitaire délictuelle pour des catégories de délits dès lors que cette catégorie, dont les caractéristiques sont fixées par le législateur, vérifie les critères [...] de délits simples à établir, sanctionnés au plus par une faible peine de prison, et qui génèrent un contentieux massif »[39].

Toutefois, lors des travaux en commission des lois devant le Sénat en première lecture, les sénateurs ont fait le choix de ne pas retenir cette proposition, en arguant que l'extension de l'amende forfaitaire délictuelle initialement prévue aurait porté le nombre de délits concernés à « plus de 3400 »[40]. En outre, les sénateurs craignaient des difficultés liées au « déploiement effectif des procès-verbaux électroniques permettant leur mise en place »[41]. Également, ils doutaient que « toutes les infractions visées puissent être constatées sans possibilité sérieuse de contestation, ce qui constitue le fondement de l'efficacité des AFD »[42]. Ils ont alors préféré privilégier un déploiement progressif des délits concernés par le

[39] *Ibid.*

[40] Rapport n°19 (2022-2023) fait au nom de la commission des lois sur le projet de loi d'orientation et de programmation du ministère de l'Intérieur, enregistré à la Présidence du Sénat le 5 octobre 2022, p. 66.

[41] *Ibid.*

[42] *Ibid.*

mécanisme de l'amende forfaitaire délictuelle, ce qui permettrait, d'après eux, une « plus grande transparence […] qui permet un débat pour chaque délit »[43].

À la suite de cette modification réalisée par la commission des lois du Sénat, le Gouvernement a changé d'avis et est devenu favorable à cette vision politique. Finalement, les débats parlementaires sur ce sujet ont servi à déterminer quels délits devaient être concernés par la procédure de l'amende forfaitaire délictuelle, en tenant compte de ses objectifs et finalités.

Il serait plus que laborieux de tenter d'effectuer une présentation de tous les délits concernés, tant ils sont nombreux, puisque, simplement avec cette loi, pas moins de 85 nouveaux délits ont été ajoutés à la liste de ceux passibles d'être sanctionnés par la procédure de l'amende forfaitaire délictuelle. Néanmoins, l'annexe 1 de la circulaire présentant les dispositions de cette loi dévoile directement et clairement la liste des nouvelles infractions susceptibles de faire l'objet de la procédure de l'amende forfaitaire délictuelle[44].

Enfin, le décret n°2023-1026 du 6 novembre 2023 portant application de l'article 495-18 du Code de procédure pénale relatif au paiement immédiat du montant de l'amende forfaitaire délictuelle est venu permettre aux agents verbalisateurs d'encaisser directement par eux-mêmes le paiement de l'amende forfaitaire délictuelle infligée, dès le constat de l'infraction. Cette prérogative a été donnée aux agents verbalisateurs dont le but de lutter contre le faible taux de recouvrement des amendes forfaitaires délictuelles, qui serait de l'ordre de 35 %

---

[43] *Ibid.*, p. 67.

[44] V. Annexe 1 de la circulaire NOR : JUSD2303546C de présentation des dispositions de la loi n°2023-22 du 24 janvier 2023 d'orientation et de programmation du ministère de l'Intérieur, 3 février 2023.

d'après le président de la République[45]. Toutefois, des inquiétudes légitimes peuvent être soulevées dans sa mise en œuvre pratique, telles que les risques encourus par les agents verbalisateurs de posséder de l'argent liquide sur eux, ils pourraient devenir des cibles encore plus importantes pour les malfaiteurs, ou encore le risque d'énervement de l'individu verbalisé, à qui une remise d'argent d'un montant de plusieurs centaines d'euros sera demandée[46].

Aujourd'hui, il semble acquis que la procédure de l'amende forfaitaire délictuelle fait partie intégrante de l'arsenal juridique à disposition des forces de l'ordre. Elle est donc issue d'une véritable construction législative, émaillée de nombreux débats, tant au niveau politique qu'au niveau doctrinal, ponctuée de quelques critères de délimitation imposés par le Conseil constitutionnel.

Dans les faits, 57 316 amendes forfaitaires délictuelles ont été dressées en 2019, puis 121 637 en 2020, 234 659 en 2021 et 300 013 en 2022[47]. Plus particulièrement concernant l'année 2022, la répartition des amendes forfaitaires délictuelles dressées donnait 143 000 pour « l'usage de stupéfiants », 127 000 pour la « conduite sans assurance », 21 900 pour la « conduite sans permis », ou

---

[45] LA PROVENCE, « Amendes pour le cannabis : les contrevenants pourront payer immédiatement en liquide ou carte bleue, annonce Macron », 25 juin 2023, mise à jour 26 juin 2023.
[46] FRANCEINFO, « Amendes pour consommation de cannabis payées en carte bancaire ou liquide : "on va se transformer en agent de recouvrement du Trésor public", dénonce un syndicat de police », 26 juin 2023.
[47] ANTAI, Rapport d'activité 2022, p. 31.
Au moment de la rédaction de ces lignes, le rapport d'activité 2023 de l'ANTAI n'était pas encore publié.

encore 5 100 pour une « occupation illicite de parties communes d'immeubles »[48].

Néanmoins, il semble que cette intégration soit à relativiser, elle ne paraît pas être pleine et entière. En effet, l'absence des articles 495-17 à 495-25 du Code de procédure pénale du JurisClasseur Lexis est à souligner, et amène quelques interrogations. De plus, il apparaît que l'application de l'amende forfaitaire délictuelle n'entraine qu'un très faible contentieux, avec une carence de jurisprudence assez remarquable en la matière. Par exemple, une simple recherche avec l'expression exacte « amende forfaitaire délictuelle » sur la base de jurisprudence de Dalloz occasionne un nombre total de 36 résultats, dont 12 seulement datés de moins d'un an, avec une prédominance très importante des juridictions de l'ordre administratif[49].

Ce faisant, il semblerait que malgré le nombre important d'amendes forfaitaires délictuelles dressées, en augmentation continue, avec toutes les conséquences prévues par les dispositions législatives, les individus verbalisés ne seraient que très peu nombreux à les contester en justice, avec par exemple un taux de recours de 2,1 % concernant les amendes forfaitaires délictuelles en matière d'usage de stupéfiants dressées entre septembre 2021 et juillet 2022[50]. Cela peut notamment s'expliquer par les conditions drastiques de recevabilité de ces requêtes de contestation, ou encore par la méconnaissance des individus verbalisés de leurs droits.

---

[48] *Ibid.*

[49] Recherche effectuée le 21 mai 2024.

[50] MINISTÈRE DE l'INTÉRIEUR et MINISTÈRE DE LA JUSTICE, Communiqué de presse : Réaction au rapport du Défenseur des droits relatif aux amendes forfaitaires délictuelles, 31 mai 2023, p. 1.

Dès lors, contrairement à la jurisprudence, la doctrine s'est quelque peu emparé de ce sujet, mais à un degré malgré tout encore faible. Tous les ouvrages généraux de procédure pénale les plus connus traitent plus ou moins rapidement des amendes forfaitaires délictuelles, mais se contentent surtout d'en énoncer les dispositions législatives et réglementaires applicables, après un bref historique pour certains d'entre eux. Tout juste Serge GUINCHARD et Jacques BUISSON prédisaient dans leur ouvrage qu' « il est probable que, sous la pression croissante de la gestion rapide des flux, cette procédure soit étendue à d'autres infractions »[51], prédiction qui s'est vérifiée avec l'adoption de la loi d'orientation et de programmation du ministère de l'Intérieur en 2023.

En revanche, il semblerait qu'aucun ouvrage ne traite spécifiquement de l'amende forfaitaire, et encore moins de l'amende forfaitaire délictuelle.

Ce sujet a davantage été abordé par des auteurs spécifiques, dans des articles de revues spécialisées notamment, ou encore par des institutions spécialisées dans la défense des droits de l'homme. Les auteurs ayant écrit sur le sujet ont émis de nombreuses critiques à l'encontre du mécanisme de l'amende forfaitaire délictuelle, de son extension, ainsi que de sa procédure. Il semblerait qu'aucun auteur n'analyse cette procédure de manière exclusivement positive.

D'un autre côté, au fur et à mesure de l'extension de la procédure de l'amende forfaitaire délictuelle, de nombreuses circulaires et doctrines d'emploi à l'attention des magistrats du parquet et des agents verbalisateurs ont été rédigées et publiées, dans le but d'en harmoniser la

---

[51] GUINCHARD S. et BUISSON J., *Procédure pénale*, LexisNexis, 15ème éd., 2022, p. 1385.

pratique globale au sein de toutes les juridictions du territoire national, tout en laissant des prérogatives d'utilisation et des modalités de recours à ce mécanisme à chaque parquet. Également, chaque doctrine d'emploi vient expliciter et préciser les conditions légales de caractérisation de chaque délit concerné par le mécanisme de l'amende forfaitaire délictuelle, afin de guider et d'aider les agents verbalisateurs dans leur mission.

La procédure de l'amende forfaitaire délictuelle s'inscrit dans un contexte de volonté affirmée d'accélération du procès pénal. Effectivement, ses objectifs sont identiques à ceux assignés aux procédures pénales accélérées, à savoir de désengorger les juridictions pénales, de systématiser les réponses pénales et de diversifier et graduer les réponses pénales[52].

Néanmoins, quelques restrictions d'utilisation de cette procédure ont été apportées par le législateur. En particulier, elle « n'est pas applicable si le délit a été commis par un mineur ou si plusieurs infractions, dont l'une au moins ne peut donner lieu à une amende forfaitaire, ont été constatées simultanément. Elle n'est pas non plus applicable en état de récidive légale, sauf lorsque la loi en dispose autrement »[53].

En outre, il convient de préciser que, en plus de l'amende forfaitaire infligée, les mis en cause peuvent se voir infliger des sanctions supplémentaires, comme par

---

[52] V. VIENNOT C., *Le procès pénal accéléré : étude des transformations du procès pénal*, thèse soutenue à l'Université de Paris-Nanterre, 10 décembre 2010, pp. 24-27.

[53] Art. 495-17 al. 2 C. pr. pén.

exemple la saisie ou la confiscation de l'objet ayant servi à commettre l'infraction[54].

Un peu plus de sept années après sa création législative, et environ cinq années après sa mise en application pratique, le mécanisme de l'amende forfaitaire délictuelle demeure un outil indispensable à la bonne administration de la justice. Parfaite illustration de la nécessité d'une accélération du procès pénal dans certaines circonstances, ce mécanisme permet d'éviter une procédure longue et peu utile pour des faits simples et aisément constatables, en privilégiant une sanction pécuniaire claire et rapide, et en excluant toute attache avec la permanence du parquet. En ce sens, l'utilisation de ce mécanisme se justifie en particulier pour les premiers délits concernés depuis 2016, à savoir certains délits routiers, mais aussi concernant le simple usage de produits stupéfiants.

Cette procédure s'inscrit dans un contexte de dysfonctionnements réels rencontrés par la justice pénale, à savoir en particulier l'encombrement des juridictions par la délinquance de masse et le manque d'effectivité de certaines sanctions pénales prononcées. Elle s'inscrit également dans un contexte de dysfonctionnements inventés de la justice pénale, dans le sens où ces dysfonctionnements ne sont pas réels, mais qui ont malgré tout un impact suffisamment important sur l'opinion publique pour que le législateur s'y intéresse, tels qu'un prétendu laxisme de la justice ou encore l'idée reçue qu'une justice lente est forcément de mauvaise qualité, avec de nombreux discours souhaitant la mise en place d'une justice encore plus rapide, notamment pour la délinquance des mineurs, alors que le nouveau Code de

[54] Par exemple, dans le cadre d'une AFD pour introduction, détention ou usage de fusées ou artifices dans une enceinte sportive, ces objets peuvent être saisis.

justice pénale des mineurs est encore très récent, et alors qu'au contraire les procédures de « comparution immédiate » pour les majeurs ne sont pas toujours d'une bonne qualité. La création de la procédure de l'amende forfaitaire délictuelle s'inscrit donc dans ce besoin urgent de rénover un appareil judiciaire à bout de souffle et critiqué de toute part.

Dans son approche, l'amende forfaitaire délictuelle est une idée satisfaisante, particulièrement en ce qui concerne les contentieux routiers et de stupéfiants, puisqu'elle permet une gestion rapide et efficace d'un contentieux de masse, dans une logique d'efficacité et budgétaire.

Toutefois, la mise en application pratique de ce modèle de justice pénale permet de se rendre compte que les agents verbalisateurs se trouvent être « en première ligne » dans le cadre de cette procédure, ce qui est, évidemment, une volonté affirmée. Mais en réalité, au fur et à mesure de l'extension des délits visés par cette procédure, force est de constater que les agents verbalisateurs ne sont plus cantonnés à un rôle de constatation des faits qui devraient être le leur, mais qu'ils doivent parfois également avoir un rôle d'interprétation des faits pour certains délits, ce qui ne devrait pas être le cas.

En outre, depuis très récemment, les agents verbalisateurs sont sommés de recueillir eux-mêmes les sommes correspondant à l'amende infligée lors du constat du délit. Cette nouvelle prérogative n'est pas sans risque, puisqu'elle expose d'autant plus les forces de l'ordre à des relations négatives avec la population. Cette transformation du rôle des agents verbalisateurs n'est pas une situation correcte et ne doit pas se poursuivre. De plus, peu de retours ont été effectués concernant l'efficacité réelle de la procédure de l'amende forfaitaire délictuelle, avec une performance qui interroge donc.

Applicable aujourd'hui à plusieurs dizaines de délits, la procédure de l'amende forfaitaire délictuelle prend une place trop importante dans la répression des infractions. Certains de ces délits ne devraient pas être visés, parce qu'ils n'engendrent pas de contentieux important, ou parce qu'ils sont orientés spécifiquement vers certaines catégories sociales. Dès lors, il semble que les critères formulés pour l'application de cette procédure ne soient pas toujours vérifiés, et que l'objectif caché du législateur soit tout autre que celui affiché. D'autres comportements délictueux pourraient en revanche se voir visés par cette procédure, tels que les « rodéos urbains » ou le « squat ».

En ce qui concerne les règles procédurales applicables, en l'état actuel des pratiques, de la législation et de la réglementation, elle est critiquable à plus d'un titre. En effet, cette procédure est attentatoire à certains principes de la matière pénale en général, tels que l'assurance d'un accès au juge ou encore l'exigence d'un procès équitable, et de la matière délictuelle en particulier, puisqu'il ressort des travaux parlementaires et des débats qui leur sont intégrés que cette procédure a été calquée sur celle applicable en matière contraventionnelle, ce qui ne tient pas compte du particularisme de la matière délictuelle, différente de la matière contraventionnelle à bien des égards.

De ce fait, la question peut se poser de savoir si une nouvelle catégorie d'infractions n'aurait pas été créée, située entre les contraventions et les délits. Notamment, la possibilité de cumuler les amendes au-delà du seuil maximum en matière délictuelle ne respecte pas le principe de confusion des peines en concours d'infractions, tout comme l'inapplication des règles relatives à la récidive pour un nombre important de délits, comme ce serait le cas devant le tribunal correctionnel.

C'est pourquoi une transformation des règles procédurales de l'amende forfaitaire délictuelle se doit d'être envisagée, en proposant une meilleure intégration de ce mécanisme au sein des réponses pénales, de sorte qu'il soit mieux compris et mieux utilisé. Cette procédure possède de nombreux points communs avec des procédures alternatives aux poursuites existantes ou ayant existé, et ce faisant, une fusion entre la procédure de l'amende forfaitaire délictuelle et d'autres procédures, telles que la transaction pénale, semblerait être une idée cohérente et constructive.

Afin de développer ces idées directrices, il convient d'établir la réflexion et de constituer la démonstration en deux temps.

La procédure de l'amende forfaitaire délictuelle peut être pensée d'un point de vue formel, avec une structure générale, un modèle de politique pénale créé par le législateur, discutable sur plusieurs points, et d'un point de vue matériel, avec un contenu et des règles concrètes applicables, qui ne peuvent qu'être améliorés.

Tout d'abord, l'amende forfaitaire délictuelle peut être analysée comme une procédure à géométrie variable dans sa maquette et sa conception (Partie I), mais aussi comme une procédure perfectible dans sa mise en œuvre pratique (Partie II).

PARTIE I :

L'AMENDE FORFAITAIRE DÉLICTUELLE, UNE PROCÉDURE À GÉOMÉTRIE VARIABLE

La procédure de l'amende forfaitaire délictuelle répond à des enjeux contemporains et se révèle être une solution à des difficultés importantes rencontrées par le modèle classique français de justice pénale.

En effet, elle se révèle être une procédure nécessaire pour une accélération du procès pénal, recherchée par l'opinion et les pouvoirs publics depuis les dernières décennies (Chapitre 1). Néanmoins, cette procédure, telle qu'elle a été créée et étendue par le législateur, connait quelques lacunes concernant l'application de ce modèle (Chapitre 2).

Chapitre 1 : Une procédure nécessaire pour une accélération du procès pénal

Pour diverses raisons liées à un encombrement des juridictions françaises, à une surpopulation dans les établissements pénitentiaires français, ainsi qu'à une opinion publique majoritairement harassée par sa représentation de la justice française, le système classique de justice pénale connait de fortes contestations émanant de la société française.

Ces contestations marquées entrainent un certain effondrement de ce modèle de justice pénale française (Section 1), auquel la procédure de l'amende forfaitaire délictuelle tente de répondre en proposant une reconstruction de ce modèle de justice pénale (Section 2).

Section 1 : L'effondrement préoccupant du modèle classique de justice pénale

Le modèle classique de justice pénale française connait un effondrement dont les causes sont à chercher du côté des dysfonctionnements que ce modèle connait. Ces dysfonctionnements d'importance certaine déclenchent effectivement un mécontentement compréhensible de la société française, dont le résultat est une profonde remise en cause de la qualité de l'appareil judiciaire interne.

Ces dysfonctionnements peuvent être regroupés en deux catégories distinctes. Dans un premier temps, il existe des dysfonctionnements réels de l'appareil judiciaire (§1), et dans un second temps, il existe des dysfonctionnements inventés de l'appareil judiciaire, dans le sens où ces dysfonctionnements ne sont pas authentiques, mais le fantasme qu'ils produisent sur l'opinion publique amène à les considérer comme tels (§2).

§1 : Des dysfonctionnements réels de l'appareil judiciaire

Parmi les dysfonctionnements réels de l'appareil judiciaire, deux d'entre eux sont particulièrement importants pour justifier la création de la procédure de l'amende forfaitaire délictuelle, dont le but principal est de tenter de les réduire. En l'espèce, il s'agit du défaut de répression efficace de certains délits par le système classique de justice pénale (A), et également de la carence de l'effectivité de certaines peines prononcées (B).

A. Le défaut de répression efficace de certains délits

Le modèle classique de justice pénale française ne permet plus d'assurer une répression efficace de certains délits. Pour démontrer cette assertion, une étude des données statistiques publiées par le ministère de la Justice se doit d'être réalisée.

En se focalisant sur le dernier rapport statistique publié en 2023 par le ministère de la Justice, concernant les années 2020, 2021 et 2022, l'analyse du nombre d'affaires traitées par les parquets et leur orientation donnée par ces derniers est révélatrice.

Notamment, le nombre d'affaires non enregistrée est marquant, avec en l'espèce 1 258 083 affaires non enregistrées en 2020, 1 253 467 en 2021 et 993 844 en 2022[55]. Ce sont des nombres très élevés, puisque par exemple pour l'année 2022, cela correspond à 24 % du nombre total d'affaires traitées par les parquets[56]. Une affaire est non enregistrée lorsque l'infraction concernée est « de faible gravité et/ou l'auteur est inconnu ou non identifiable »[57], sans plus de précisions, ce qui ne permet pas de savoir exactement combien d'infractions jugées de faible gravité sont concernées, mais l'ordre de grandeur est de plusieurs centaines de milliers chaque année. Il s'agit là d'une première illustration du manque de répression de certains délits, puisque ceux qui ne sont pas enregistrés ne font l'objet d'aucune réponse pénale de la part du parquet.

Il convient toutefois de relever que ce nombre est en baisse au fil des années, en raison de « l'intégration progressive des affaires de ce type dans Cassiopée[58], dans

---

[55] MINISTÈRE DE LA JUSTICE, Références Statistiques Justice 2023, 20 décembre 2023, mise à jour 29 février 2024, p. 93.

[56] *Ibid.*, p. 94.

[57] *Ibid.*, p. 92.

[58] Cassiopée : Chaîne applicative supportant le système d'information opérationnel pour le pénal et les enfants.
Il s'agit du logiciel utilisé en juridictions pour le traitement des affaires pénales. Cette source permet de connaitre la réponse judiciaire (classement sans suite, alternative aux poursuites, renvoi devant une

le cadre du dispositif "Procédure pénale numérique" visant à dématérialiser toutes les pièces de procédure tout au long de la chaîne pénale »[59].

Par ailleurs, parmi les affaires poursuivables, l'année 2022 a vu 508 106 condamnations être prononcées par les juridictions nationales pour des délits, ainsi que 45 597 compositions pénales[60]. Parmi ces données statistiques, les infractions qui sont les plus nombreuses dans les condamnations pour délits prononcées sont d'abord, dans un ordre décroissant, les infractions relatives à la circulation routière et transport, puis viennent ensuite les coups et violences volontaires, puis les vols et recels, puis les infractions à la législation sur les stupéfiants, les atteintes à l'ordre administratif et judiciaire, ou encore les autres atteintes à la personne[61], sans plus de précisions pour cette dernière catégorie[62].

Ces catégories de délits, et en particulier celles qui sont les plus représentées dans les condamnations pour délits prononcées, jouent un rôle très important dans l'amplification du concept de contentieux de masse. Ce dernier peut être défini comme « un afflux de demandes en justice présentant à juger des moyens quasiment identiques, dans un intervalle de temps relativement

juridiction de jugement, ouverture d'une instruction) et le circuit de la procédure utilisée (comparution immédiate, comparution sur reconnaissance préalable de culpabilité, composition pénale, convocation par officier de police judiciaire…).

59 *Ibid.*

60 MINISTÈRE DE LA JUSTICE, « Les chiffres clés de la Justice 2023 », 26 octobre 2023, p. 18.

61 *Ibid.*

62 Cette catégorie correspond à des atteintes à la personne qui ne sont ni des coups et violences volontaires, ni des homicides et blessures involontaires, ni des délits sexuels.

restreint »[63]. Surtout, une part non négligeable de ces délits se révèlent être des délits de faible gravité, principalement les infractions relatives à la circulation routière et transport, qui sont les plus représentés dans les condamnations pour délits. Il convient également de noter que ces données ne concernent que les condamnations prononcées par les juridictions ainsi que les compositions pénales, et qu'elles excluent donc les éventuels classements sans suite prononcés par les parquets, et les autres orientations données. Le nombre réel de procédures concernant ces infractions surreprésentés est donc bien plus important.

Ce contentieux de masse auquel le système judiciaire national est confronté entraine une certaine paralysie de ce dernier, si bien qu'une répression véritable ne peut pas être réalisée dans la totalité des procédures. Cette situation est déplorée notamment par Frédéric DESPORTES et Laurence LAZERGES-COUSQUER, lesquelles affirment que « dans l'idéal, chaque affaire pénale devrait pouvoir faire l'objet d'un jugement rendu par un ou plusieurs magistrats à l'issue d'un débat contradictoire tenu dans le cadre d'une audience publique. Une telle solution est toutefois inapplicable dès lors que doivent être traités, comme c'est aujourd'hui le cas, des millions de contraventions et des centaines de milliers de délits »[64]. D'autres modes de poursuite sont alors nécessaires pour répondre à ce contentieux et alléger le travail chargé des parquets et des juges du siège.

---

[63] Définition donnée lors du colloque « Contentieux de masse et masse des contentieux : le défi de la justice du XXIème siècle », organisé par le Master II Droit Processuel, Université de Bourgogne, 10 février 2017.

[64] DESPORTES F. et LAZERGES-COUSQUER L., *Traité de procédure pénale*, Economica, 4ème éd., 2015, p. 11.

Dès lors, le défaut de répression efficace de certains délits, en particulier les délits les moins graves et les plus représentés dans les affaires traités par les parquets, qui entrainent une certaine paralysie du système de justice pénale française, provoque un dysfonctionnement de l'appareil judiciaire et suscite un sentiment d'impunité. Ce dernier est renforcé par la carence de l'effectivité de certaines peines prononcées.

B. La carence de l'effectivité de certaines peines prononcées

Un deuxième dysfonctionnement réel de l'appareil judiciaire est l'exécution insuffisante de certaines peines prononcées par les juridictions. Il s'agit d'un sujet pris en considération par le pouvoir politique depuis quelques années, dont l'importance et la réalité sont démontrées par les statistiques.

« Les peines prononcées par les juridictions pénales sont, sauf circonstances insurmontables, mises à exécution de façon effective et dans les meilleurs délais »[65].

Toutefois, dans la réalité, la situation n'est pas aussi simple. En effet, « si les délais d'audiencement et de jugement tendent globalement à s'allonger, qu'en est-il de l'exécution proprement dite des décisions de justice pénale ? Là encore, un constat s'impose : la situation, régulièrement dénoncée par la commission des Lois et son président, se dégrade sensiblement »[66]. Cette affirmation concédée par les représentants élus du peuple français,

---

[65] Art. 707 al. 1 C. pr. pén.

[66] Rapport d'information n°3177 déposé par la commission des lois sur les carences de l'exécution des peines et l'évaluation de l'application Cassiopée, enregistré à la Présidence de l'Assemblée nationale le 16 février 2011,
p. 23.

rédigée dans une partie du rapport nommée « une exécution des décisions de justice pénale extrêmement insatisfaisante », bien que datant de 2011, est malheureusement toujours d'actualité plus d'une décennie plus tard.

Certains facteurs d'ordre procédural peuvent expliquer en partie les délais importants de mise à exécution de certaines peines. Ces facteurs procéduraux sont la « présence ou non du prévenu à l'audience après convocation, transfert ou non à une autre juridiction pour mise à exécution, recherche du condamné par les services de Police ou de Gendarmerie »[67]. De plus, d'autres facteurs liés aux caractéristiques propre à chaque dossier existent, tels que le « quantum de la peine ferme prononcée, lieu de l'infraction, délit commis en situation de récidive légale ou non »[68].

Une analyse approfondie du rapport sur les délais de la mise à exécution des peines d'emprisonnement ferme, publié par Infostat Justice en novembre 2013 permet de mieux comprendre l'impact de tous ces facteurs sur l'allongement des délais de mise à exécution de certaines condamnations pénales.

Notamment, le facteur le plus important, celui lié à l'absence du condamné à l'audience, aboutit à un jugement contradictoire à signifier ou itératif défaut, ce qui entraine des délais supplémentaires liés à la signification obligatoire du jugement, qui lui-même fait reculer le délai pour éventuellement interjeter appel du jugement de première instance[69]. En conséquence, la peine infligée ne pourra être exécutée que plusieurs semaines,

---

[67] INFOSTAT JUSTICE, « Les délais de la mise à exécution des peines d'emprisonnement ferme », n°124, novembre 2013, p. 2.
[68] *Ibid.*
[69] En application des art. 498 et 498-1 C. pr. pén.

mois, voire années selon les juridictions et leur encombrement, et les recours effectués. D'un point de vue de l'effectivité et de l'utilité de la peine prononcée, le jugement contradictoire à signifier est un véritable frein à la bonne administration de la justice.

En ce qui concerne le délai d'exécution lié au quantum de la peine prononcée, « globalement, plus le quantum ferme restant à exécuter est long, plus les délais d'exécution sont courts. Les reliquats fermes de plus de 420 jours sont exécutés les plus rapidement suivis par un allongement régulier des délais de mise à exécution au fur et à mesure que le quantum à exécuter diminue ; entre le reliquat le plus long et le reliquat le plus court (moins de 60 jours), les délais de mise à exécution sont multipliés par 1,25 soit une augmentation du délai de 25 % »[70]. Pour cette raison, les peines d'emprisonnement les moins longues sont d'autant plus problématiques qu'elles sont exécutées après les peines les plus longues. Cela peut sembler parfaitement logique, mais il n'en demeure pas moins que l'utilité de ces « petites » peines vient à être profondément remise en cause, puisqu'en plus de porter parfois une trop grande atteinte à la vie professionnelle et sociale des condamnés, leur mise à exécution tardive peut provoquer une incompréhension du sens de la peine infligée.

Aussi, postérieurement à ce rapport, la loi n°2019-222 du 23 mars 2019, dans son article 74, est notamment venue interdire aux juridictions de « prononcer une peine d'emprisonnement ferme d'une durée inférieure ou égale à un mois »[71], dans le but de redonner du sens à la peine et

---

[70] INFOSTAT JUSTICE, « Les délais de la mise à exécution des peines d'emprisonnement ferme », *op. cit.*, p. 4.
[71] Art. 132-19 al. 1 C. pén.

d'éviter les points négatifs d'une courte peine d'emprisonnement.

Bien évidemment, cette problématique ne concerne que les peines d'emprisonnement ferme. Les peines d'emprisonnement avec sursis simple, quant à elles, ne sont pas concernées à proprement parlé par une éventuelle exécution, qui se réalise de manière automatique après un certain délai. Simplement, dans ce cas également, un jugement contradictoire à signifier fera retarder le début du sursis simple, tout comme le début d'un sursis probatoire, issu de la fusion entre le sursis avec mise à l'épreuve, le sursis assorti de l'obligation d'accomplir un travail d'intérêt général et la contrainte pénale. Néanmoins, en ce qui concerne précisément l'ancien sursis avec mise à l'épreuve, « 31 % des condamnations à un sursis avec mise à l'épreuve total donne lieu à une exécution provisoire, c'est-à-dire que la peine s'exécute aussitôt, sans attendre l'expiration du délai d'appel et l'examen du dossier par la juridiction d'appel »[72]. Le prononcé de l'exécution provisoire parait être une solution judicieuse et à encourager pour lutter contre l'ineffectivité et l'inutilité pour le condamné et la société de certaines sanctions pénales quand elles ne sont exécutées que trop tardivement.

Ce faisant, il est dès lors nécessaire de bien prendre conscience de ces dysfonctionnements de l'appareil judiciaire national. Les pouvoirs publics semblent en avoir pris la mesure, et par diverses lois adoptées, ont tenté de créer des modes alternatifs de poursuite et de jugement pénaux, afin de désengorger les juridictions et de prononcer et exécuter une sanction plus rapidement et plus utile. L'amende forfaitaire délictuelle fait partie de cette

[72] INFOSTAT JUSTICE, « Le sursis avec mise à l'épreuve en 2016 », n°155, septembre 2017, p. 4.

nouvelle catégorie. En outre, ces dysfonctionnements réels sont renforcés par des dysfonctionnements non réels, mais qui ont tout de même un impact sur l'opinion publique et ses représentants élus.

§2 : Des dysfonctionnements inventés de l'appareil judiciaire

De leur côté, parmi les dysfonctionnements inventés de l'appareil judiciaire, certains sont particulièrement prépondérants concernant leur impact sur la perception de la justice pénale par l'opinion publique. De ce fait, les réformes récentes ou à venir voulues par le législateur dans ce domaine se trouvent être empreintes de ces idées reçues. Ces dysfonctionnements inventés sont tout aussi important, voire plus, que ne le sont les dysfonctionnements réels dans l'imaginaire collectif.

D'un côté, le prétendu laxisme de la justice pénale se trouve être une idée reçue malheureusement bien enracinée (A), et d'un autre côté, même si l'accélération du procès pénal peut se justifier dans certains cas, une justice pénale lente n'est pas nécessairement signe d'un dysfonctionnement (B).

A. La fausse idée reçue d'une justice pénale laxiste

Parmi les idées reçues bien enracinées sur la justice pénale française, son prétendu laxisme est sans doute celle qui revient le plus souvent dans le débat public et l'opinion majoritaire. Effectivement, selon un sondage Elabe publié le 30 novembre 2023, 87 % des Français estiment que la justice est trop laxiste, et d'après un sondage de l'institut CSA publié le 17 mai 2023, 89 % des Français estiment que la justice est trop laxiste avec les multirécidivistes. Même en admettant une marge d'erreur possible dans ces sondages, et en soulignant que le nombre de personnes interrogées, de l'ordre d'un millier par sondage, est assez faible, force est de constater que ces sondages concordants, avec des taux très importants, sont très révélateurs de la pensée de la majorité de la population.

Pour autant, une analyse objective de la situation et du travail réel des juridictions pénales démontre que l'idée reçue d'un laxisme de la justice n'est pas une réalité, mais simplement le résultat d'un manque d'informations de la part de la population, dont la majorité ne connait pas le fonctionnement précis de la justice pénale française et ne s'est jamais rendue à des audiences de jugement pourtant très souvent publiques. Les principales, voire les seules sources d'informations utilisées par la population sont les médias, qu'ils soient écrits ou télévisés, et dont l'impartialité peut parfois être remise en cause. Surtout, les médias dans leur ensemble ne traitent que des affaires marquantes, sensibles, importantes, les plus graves. Ils évoquent les dossiers d'individus récidivistes mais pas ceux d'individus réinsérés, puisque ces derniers ne font plus parler d'eux. Dès lors, les médias sont un véritablement biais négatif concernant l'accès à une information réelle et impartiale en matière de justice pénale.

Dans les faits, « entre 2004 et 2016, le nombre de condamnations prononcées à l'encontre de personnes majeures pour délit a augmenté de 17 % »[73]. De plus, « le volume d'emprisonnement ferme prononcé par les tribunaux et cours d'appel correctionnels a augmenté de 32 % pour atteindre le volume record de 87 300 années en 2016. Cette augmentation est imputable à hauteur de 22 points à la hausse du nombre de condamnations à une

---

[73] INFOSTAT JUSTICE, « L'évolution des peines d'emprisonnement de 2004 à 2016 », n°156, décembre 2017,
p. 1.

peine d'emprisonnement ferme en tout ou partie, et à hauteur de 10 points à une hausse du quantum ferme moyen. [...] Atteignant un peu plus de 8 mois, le quantum moyen d'emprisonnement ferme n'a jamais été aussi élevé qu'en 2016 »[74]. Quelques années plus tard, ce quantum moyen d'emprisonnement ferme a encore augmenté pour atteindre 10,2 mois en 2022[75].

Ces données objectives démontrent bien que la justice pénale française n'est en globalité pas laxiste, et qu'elle semble au contraire être de plus en plus sévère et répressive. Cette déduction est corroborée par les statistiques alarmantes de la surpopulation carcérale en France, preuve que la justice incarcère à un fort niveau.

Effectivement, les chiffres sont édifiants. À la date du 1 avril 2024, pas moins de 94 643 personnes étaient écrouées, dont 77 450 personnes détenues comptabilisées, avec une augmentation de respectivement 5,9 % et 6 % par rapport au 1 avril 2023, pour 61 570 places opérationnelles[76]. La surpopulation carcérale, preuve de la sévérité de la justice, est donc très importante, et ne concerne pas seulement les personnes définitivement condamnées, puisque 20 438 personnes prévenues étaient comptabilisées comme détenues à la même date[77], preuve là-aussi de la propension de la justice à incarcérer de manière importante des personnes encore présumées innocentes. Qui plus est, la France a été condamnée à plusieurs reprises par la Cour européenne des droits de l'homme pour sa surpopulation carcérale, ce qui démontre

---

[74] *Ibid.*

[75] MINISTÈRE DE LA JUSTICE, « Références Statistiques Justice 2023 », *op. cit.*, p. 121.

[76] MINISTÈRE DE LA JUSTICE, « Statistiques mensuelles de la population détenue et écrouée », mois d'avril 2024, p. 6.

[77] *Ibid.*

qu'il s'agit d'un véritable problème structurel qui ne semble pas prêt de se résoudre[78].

Par conséquent, le laxisme de la justice pénale française n'est qu'un leurre, accentué par les propos parfois déconnectés de certaines personnalités politiques, et par le traitement médiatique parcellaire et très orienté du travail de la justice. Un deuxième préjugé d'importance engendre un impact sur l'opinion et les pouvoirs publics, celui de l'inefficacité d'une justice pénale lente.

B. Le préjugé fallacieux de l'inefficacité d'une justice pénale lente

La durée d'une procédure pénale est un thème au centre des préoccupations sociétales et politiques depuis ces dernières décennies. Dans une enquête menée par le ministère de la Justice en 2013, 96 % des personnes interrogées souhaitaient un raccourcissement des délais de fonctionnement des tribunaux, et 66 % considéraient même qu'il s'agissait d'un point à améliorer en priorité[79]. Ce sujet était en tête des préoccupations des personnes interrogées concernant le fonctionnement des tribunaux.

En droit interne, le Code de procédure pénale prévoit notamment qu' « il doit être définitivement statué sur l'accusation dont [la personne suspectée ou poursuivie] fait l'objet dans un délai raisonnable »[80]. De plus, la France a souvent été condamnée par la Cour européenne des droits de l'homme, en violation de l'article 6 de la

---

[78] La France a notamment été condamnée dans les arrêts de la CEDH « J.M.B. et autres c. France », req. n°9671/15 et 31 autres, 30 janvier 2020, et « B.M. et autres c. France », req. n°84187/17 et 5 autres, 6 juillet 2023.
[79] INFOSTAT JUSTICE, « L'opinion des Français sur la justice », n°125, janvier 2014, p. 2.
[80] Art. préliminaire al. 9 C. pr. pén.

Convention européenne de sauvegarde des droits de l'homme et des libertés fondamentales, pour un délai déraisonnable de la procédure pénale[81]. À ce propos, la Cour européenne des droits de l'homme a eu l'occasion de rappeler à plusieurs reprises ses critères consacrés par sa jurisprudence en matière de délai raisonnable de la procédure, en l'espèce « la complexité de l'affaire, le comportement du requérant et celui des autorités compétentes »[82].

Ce faisant, il parait logique qu'une procédure pénale ne doive pas dépasser un certain délai propre à chaque cas d'espèce pour être respectueuse des droits et libertés garantis par les normes juridiques applicables. Néanmoins, cela ne signifie pas en soi qu'une justice pénale lente soit inefficace, et que la rapidité soit la solution à toutes les situations.

Le constat réalisé par le comité des États généraux de la justice au sujet des délais de jugement est significatif. En effet, « les délais de jugement, en particulier, n'ont cessé de s'allonger au cours des vingt dernières années. [...] En matière pénale, si, par définition, les délais de jugement lors des audiences de comparution immédiate sont réduits, les conditions d'organisation matérielle de ces audiences, qui se tiennent souvent jusqu'à une heure avancée de la nuit, ne permettent pas de rendre une justice de qualité et contribuent à multiplier le prononcé de courtes peines de prison. En dehors des comparutions immédiates, les délais sont élevés et se dégradent. Les parquets se voient par ailleurs sans cesse confier de nouvelles missions,

---

[81] V. notamment pour une condamnation liée à une longueur déraisonnable d'une instruction l'arrêt de la CEDH « Goetschy c. France », req. n°63323/12, 8 février 2018.

[82] V. parmi d'autres exemples l'arrêt de la CEDH « Pélissier et Sassi c. France », req. n°25444/94, 25 mars 1999, §67.

notamment par un renforcement de leur pouvoir de sanction autonome, qui les éloigne de leur rôle premier d'autorité de direction de l'enquête et de poursuite »[83].

Pour autant, malgré ces critiques adressées à la procédure de comparution immédiate, il semblerait que les pouvoirs politiques soient décidés à la développer, puisque le Premier ministre a annoncé le 24 mai 2024 sa volonté d'étendre cette procédure aux mineurs de plus de 16 ans, malgré leur minorité et la spécificité de la justice pénale des mineurs. Surtout, cette annonce ne semble être qu'une tentative de communication populiste, dans l'air du temps, et inutile, parce que la procédure de l'audience unique devant le tribunal pour enfants permet déjà une réponse satisfaisante aux dossiers les plus problématiques, sous certaines conditions[84].

La création par le législateur de procédures pénales accélérées depuis ces dernières décennies, renforcée par la publication de nombreux rapports soulignant que « malgré la diversité des voies envisagées pour y parvenir, la célérité des réponses judiciaires en général, et des réponses pénales en particulier, constitue un des éléments-clés d'une amélioration du fonctionnement de l'institution judiciaire »[85], tout cela ne doit pas obérer le fait qu'une procédure pénale accélérée ne fonctionne pas dans toutes les situations, et qu'elle n'est pas une solution satisfaisante dans tous les dossiers.

En particulier, en matière criminelle, l'ouverture d'une instruction est obligatoire. Il s'agit de la procédure d'avant-jugement la plus longue que le droit positif

---

[83] Rapport du comité des États généraux de la justice, « Rendre justice aux citoyens », avril 2022, p. 18.
[84] V. art. L423-4 al. 3 et suiv. C. just. pén. min.
[85] VIENNOT C., *Le procès pénal accéléré : étude des transformations du procès pénal*, *op. cit.*, p. 30.

connaisse[86], mais aussi la plus qualitative. Elle permet qu'un grand nombre d'actes d'enquête soient réalisés, que tous les témoins des faits ou de l'environnement du mis en cause et des victimes puissent être entendus, que les expertises psychiatriques et psychologiques puissent éventuellement être réalisées, ou encore qu'une évaluation complète et détaillée de la situation matérielle, sociale et familiale du mis en cause puisse être dressée. Toutes ces diligences, signes d'une bonne administration de la justice, ne sont pas toujours réalisées avec qualité lors des enquêtes moins longues et des comparutions plus rapides devant les juridictions de jugement.

Enfin, l'essor des différentes mesures de sûreté pré-sentencielle existantes permet, en globalité, de s'assurer de la représentation du mis en cause devant la justice et d'atténuer le sentiment d'impunité que peuvent ressentir certaines victimes[87].

Malheureusement, l'opinion majoritaire actuelle semble plutôt penser qu'une justice rapide est gage d'une justice efficace, mais ce n'est pas obligatoirement le cas. Les spécificités et les nuances ne semblent pas être assimilées par les personnalités publiques, médiatisées, et par l'opinion publique, sevrée de sources de connaissances de qualité. Une justice rapide est utile pour des infractions de faible gravité, aisément constatables, avec des mis en cause reconnaissant les faits et ayant une situation sociale

---

[86] MINISTÈRE DE LA JUSTICE, « Références Statistiques Justice 2023 », *op. cit.*, p. 115.
Le délai moyen pour une instruction en 2022 entre l'arrivée de l'affaire et la décision au fond (renvoi du juge d'instruction ou de la chambre de l'instruction devant la juridiction de jugement) est de 48,4 mois, soit très légèrement plus de 4 années.

[87] En particulier le contrôle judiciaire avec des interdictions et obligations à respecter pour le mis en cause, l'assignation à résidence avec surveillance électronique, et la détention provisoire.

stable, mais elle ne l'est pas pour des situations plus graves. D'ailleurs, « il est frappant de constater que, après vingt ans d'accélération et de simplification de la chaîne pénale, la justice se voit toujours comme une institution en crise »[88].

Qu'elles soient réelles ou inventées, le système classique de justice pénale française rencontre donc d'importantes difficultés, qu'il convient de surmonter par l'action du législateur. Pour ce faire, le mécanisme de l'amende forfaitaire délictuelle, par ses finalités, semble constituer les prémices d'une reconstruction indispensable de ce système de justice pénale.

Section 2 : Les prémices d'une reconstruction indispensable du modèle de justice pénale

Les réponses apportées par les décideurs politiques aux différentes problématiques rencontrées par la justice pénale se doivent alors de tenir compte de tout ce contexte particulièrement défavorable.

Dès lors, par l'adoption de la procédure de l'amende forfaitaire délictuelle, le législateur est intervenu pour tenter de fournir des solutions efficaces à ces problématiques rencontrées par la justice pénale (§1). De plus, preuve de l'importance de cette procédure, celle-ci est désormais déjà bien ancrée dans l'appareil judiciaire (§2).

---

88 TROUILLIER M. et SIZAIRE V., *La simplification de la justice pénale – Derrière la promesse, quelle réalité juridique ?*, Dalloz, 2022, p. 84.

§1 : Une réponse aux problématiques rencontrées par la justice

Grâce à l'étude des travaux parlementaires concernés et des différents discours des décideurs politiques, force est de constater que la création du mécanisme de l'amende forfaitaire délictuelle s'est réalisée avec des objectifs clairs et affirmés.

D'une part, elle a pour but de gérer un contentieux abondant, qui ne peut plus être jugé de manière correcte par le système classique de justice pénale (A). D'autre part, elle a pour but d'appliquer une sanction pécuniaire rapidement dans un souci d'efficacité comptable et de logique budgétaire (B).

A. Une volonté initiale de gérer un contentieux abondant

La procédure de l'amende forfaitaire délictuelle a pour objectif premier d'apporter une réponse pénale effective, concrète, pour des délits qui ne peuvent plus être jugés par le système classique de justice pénale, c'est-à-dire avec une orientation donnée par le parquet après enquête, puis un jugement par une juridiction ou par le biais d'alternatives aux poursuites. Cette procédure, créée il y a moins d'une dizaine d'années mais en expansion continue, présente comme point positif initial de répondre aux problématiques liées au manque de répression de certains délits les moins graves[89].

Effectivement, les premiers délits visés par la procédure de l'amende forfaitaire délictuelle, qui sont pour rappel les délits de défaut de permis de conduire et de défaut d'assurance, selon la volonté du Parlement de l'époque, répondent parfaitement aux critères posés plus tard par le

[89] V. *supra*.

pouvoir exécutif et le pouvoir judiciaire, à savoir des faits simples à caractériser par les agents verbalisés, de faible gravité et entrainant un contentieux important.

En effet, les infractions routières sont les infractions les plus adéquates pour une bonne application de la procédure de l'amende forfaitaire, qu'elle soit contraventionnelle ou délictuelle. D'ailleurs, il semblerait que cette satisfaction soit partagée notamment par le Comité interministériel de la sécurité routière, puisque ce dernier a sollicité, en plus de la « délictualisation » de la contravention de grand excès de vitesse, de « rendre ce délit éligible à la procédure de l'amende forfaitaire pour permettre une réponse pénale immédiate »[90].

Ces infractions routières sont effectivement très nombreuses à être commises chaque année. En se concentrant exclusivement sur les délits routiers, le bilan statistique 2022 des infractions et du permis à points publié par l'Observatoire national interministériel de la sécurité routière permet de se rendre compte de l'importance considérable de ces infractions[91]. Toutes les données suivantes sont issues de cette source.

Pas moins de 876 439 délits routiers ont été constatés en 2022. Il s'agit d'une « augmentation de 8,5 % par rapport à 2021 » et « une augmentation de 19,6 % par rapport à 2019 », ce qui est significatif. De plus, « depuis 2010, les chiffres augmentent sur l'ensemble des familles de délits, sauf concernant les délits liés à l'alcool qui

---

[90] COMITÉ INTERMINISTÉRIEL DE LA SÉCURITÉ ROUTIÈRE, « Circuler en sécurité et en sérénité sur les routes de France », 17 juillet 2023, p. 49.
[91] V. OBSERVATOIRE NATIONAL INTERMINISTÉRIEL DE LA SÉCURITÉ ROUTIÈRE, « Les infractions au code de la route, L'impact sur le permis à points, Bilan statistique 2022 », octobre 2023, p. 14.

diminuent significativement ». En ce qui concerne particulièrement les deux types de délits concernés par la procédure de l'amende forfaitaire délictuelle, le défaut d'assurance et le défaut de permis de conduire sont respectivement le premier et le troisième délit les plus constatés en 2022, avec 206 190 défauts d'assurance et 147 713 défauts de permis de conduire.

Ces données vertigineuses semblent confirmer l'utilité de l'application de l'amende forfaitaire délictuelle, puisque le système classique ne pourrait pas fonctionner pour réprimer tous ces délits. Par ailleurs, le deuxième délit routier le plus constaté en 2022 est le délit de fuite après un accident, qui ne fait pas l'objet de la procédure de l'amende forfaitaire délictuelle. Cela semble néanmoins assez logique, puisque ce délit parait beaucoup plus difficilement constatable que les autres délits visés, l'action du juge semble absolument nécessaire pour vérifier tous éléments constitutifs de ce délit.

Par conséquent, la volonté première de sanctionner certains délits routiers par la procédure de l'amende forfaitaire est justifiée par leur nombre, leur faible gravité et leur constat facile par des agents verbalisateurs, de la même manière que pour les contraventions routières. Par ailleurs, cette volonté louable de gérer un contentieux abondant de manière différente du modèle classique se trouve être appuyée par une volonté pragmatique d'efficacité comptable dans la sanction policière prononcée.

B. Une volonté pragmatique d'efficacité comptable

Les objectifs de célérité et d'effectivité souhaités par le mécanisme de l'amende forfaitaire délictuelle sont remplis par le paiement de la part de l'individu verbalisé d'une somme d'argent dans un délai très rapide. Le législateur a pris le soin d'inciter les délinquants verbalisés à régler leur amende rapidement, puisque celle-ci peut-être minorée « si l'intéressé en règle le montant soit entre les mains de l'agent verbalisateur au moment de la constatation de l'infraction, soit dans un délai de quinze jours à compter de la constatation de l'infraction ou, si l'avis d'infraction est ultérieurement envoyé à l'intéressé, dans un délai de quinze jours à compter de cet envoi »[92].

Cette incitation est double puisque l'amende forfaitaire délictuelle peut également être majorée en cas de non-paiement de l'amende dans le délai de quarante-cinq jours après la constatation de l'infraction ou après l'envoi de l'avis d'infraction à l'individu verbalisé suivant les cas, sauf si l'individu verbalisé ne « formule dans le même délai une requête tendant à son exonération »[93].

Cette volonté d'efficacité comptable mise en place par le législateur et les pouvoirs publics semble justifiée par le contexte précédemment évoqué, défavorable au système classique de justice pénale. Pour des délits de faible gravité, aisément constatables et engendrant un contentieux important, cette réponse apparait dès lors comme une solution tout à fait opportune.

Cette demande d'efficacité comptable « justifie notamment le renforcement des pouvoirs de police »[94]. En effet, le propre de la procédure de l'amende forfaitaire, qu'elle soit délictuelle ou contraventionnelle, est de soulager le travail d'enquête relativement lourd des forces de l'ordre en simplifiant le mode de sanction de certaines infractions visées. Il s'agit d'une forme de justice

---

[92] Art. 495-18 al. 2 C. pr. pén.

[93] Art. 495-18 al. 1 et 3 C. pr. pén.

[94] GUINCHARD S. et BUISSON J., *Les transformations de la justice pénale*, Cycle de conférences 2013 à la Cour de cassation, Dalloz, 2014, p. 16.

parallèle, sans intervention du juge sauf en cas de contestation, dans un but de désengorgement des juridictions.

Néanmoins, pour que ce modèle de justice pénale fonctionne de la meilleure des manières possibles, pour pas qu'il n'y ait de sentiment d'impunité surtout en matière délictuelle, il est nécessaire que ces amendes soient bel et bien recouvrées, que les individus verbalisés règlent leurs amendes reçues, sans quoi la sanction policière dressée ne sera pas effective et efficace[95].

Pour ce faire, en supplément de la possibilité d'amendes forfaitaires délictuelles minorées et majorées, le législateur a prévu d'autres dispositions pour inciter les délinquants à régler leurs amendes. En particulier, l'individu verbalisé a la possibilité d'adresser une demande motivée au comptable public pour « sollicite[r], en raison de ses difficultés financières, des délais de paiement ou une remise gracieuse »[96]. Dans ce cas, le comptable public « peut alors octroyer des délais ou rendre une décision de remise gracieuse partielle ou totale, le cas échéant en appliquant une diminution de 20 % des sommes dues »[97]. Ces dispositions perspicaces convient l'individu verbalisé à se manifester et à éviter la passivité à propos de sa situation, pour qu'un geste puisse lui être accordé en cas de bonne foi de sa part.

Enfin, le législateur a prévu des obligations de « consignation préalable d'un montant égal à celui de l'amende forfaitaire [...] ou à celui de l'amende forfaitaire majorée »[98], respectivement en cas de requête en exonération de l'amende ou de réclamation de la

---

[95] V. *infra*.

[96] Art. 495-24 al. 1 C. pr. pén.

[97] Art. 495-24 al. 3 C. pr. pén.

[98] Art. 495-20 al. 1 C. pr. pén.

majoration de l'amende. Cette exigence de consignation pour la recevabilité des recours, bien que parfois particulièrement lourde pour assurer un droit au recours effectif[99], permet de garantir le recouvrement des sommes dues en cas d'échec des recours entrepris par l'individu verbalisé.

En outre, cette réponse apportée par le législateur aux problématiques de la justice pénale est de surcroit bien ancrée dans l'appareil judiciaire, ce qui démontre sa réalité et son importance.

§2 : Une réponse bien ancrée dans l'appareil judiciaire

Désormais utilisée depuis plusieurs années, la procédure de l'amende forfaitaire délictuelle a pris une place non négligeable dans l'arsenal à disposition des pouvoirs publics pour sanctionner les individus. Il s'agit d'une sanction policière bien ancrée dans l'appareil judiciaire.

Cet ancrage est démontré par l'utilisation massive de cette procédure par les agents verbalisateurs (A). En outre, cette procédure a également été approuvée et conditionnée par le juge constitutionnel, qui a imposé certains critères pour qu'elle puisse s'appliquer conformément à la Constitution, preuve de son enracinement (B).

A. Une utilisation massive par les agents verbalisateurs

La première preuve que la procédure de l'amende forfaitaire délictuelle est désormais bien ancrée dans l'appareil judiciaire est son utilisation massive par les agents verbalisateurs.

Le rapport d'activité le plus récent publié par l'ANTAI déjà évoqué faisait état d'une augmentation progressive du

---

[99] V. *infra*.

nombre d'amendes forfaitaires délictuelles dressées chaque année depuis 2019, pour atteindre un peu plus de 300 000 en 2022[100].

Les données statistiques étant très restreintes voire inexistantes pour les délits ajoutés à la procédure de l'amende forfaitaire délictuelle en 2023, il convient dès lors d'analyser plus particulièrement les délits « historiques » concernés par cette procédure, à savoir certains délits routiers et le délit d'usage de stupéfiants, pour démontrer son ancrage incontestable. La source utilisée pour toutes les données suivantes concernant les délits routiers est encore le bilan statistique 2022 de l'Observatoire national interministériel de la sécurité routière[101], puisque cette source est particulièrement riche et détaillée.

Concernant le délit de conduite d'un véhicule terrestre à moteur sans assurance, l'année 2022 a vu 127 397 amendes forfaitaires délictuelles être prononcées contre 78 793 autres procédures non spécifiées. Il est à relever une augmentation très forte de 20,7 % de l'utilisation de la procédure de l'amende forfaitaire délictuelle pour ce délit entre 2021 et 2022. La procédure de l'amende forfaitaire délictuelle semble alors avoir en partie remplacé les autres procédures pénales dans la répression de ce délit, dans la majorité des dossiers.

Concernant le délit de conduite d'un véhicule sans permis, que le présent rapport distingue du délit de conduite d'un véhicule sans permis correspondant à la catégorie du véhicule, l'année 2022 a vu 21 899 amendes

[100] V. *supra*.

[101] V. OBSERVATOIRE NATIONAL INTERMINISTÉRIEL DE LA SÉCURITÉ ROUTIÈRE, « Les infractions au code de la route, L'impact sur le permis à points, Bilan statistique 2022 », *op. cit.*, p. 15.

forfaitaires délictuelles être dressées contre 65 105 autres procédures non spécifiées. Pour ce délit, la procédure de l'amende forfaitaire délictuelle n'est pas majoritaire, mais elle est en progression d'année en année, avec par exemple une augmentation de 7,5 % entre 2021 et 2022, alors que l'utilisation des autres procédures pénales tend à régresser, avec une diminution de 2 % entre 2021 et 2022 et même une diminution de 11 % entre 2017 et 2022.

Concernant le délit de conduite d'un véhicule sans permis correspondant à la catégorie du véhicule, la relative faiblesse du nombre de délits constatés ne permet pas une analyse de qualité. En effet, en 2022, seulement 2 959 amendes forfaitaires délictuelles ont été dressées pour ce délit et seulement 2 345 autres procédures pénales ont été comptabilisées. Même si ces données sont en augmentation au fil des années, elles restent relativement faibles en comparaison des deux autres délits routiers visés.

Concernant le délit d'usage de stupéfiants, force est de constater que la procédure de l'amende forfaitaire délictuelle a permis une augmentation de la répression de ce délit, puisque 251 400 individus ont été mis en cause pour usage de stupéfiants en 2022, contre 160 700 en 2020 et 221 300 en 2021, après une stagnation aux alentours de 180 000 entre 2016 et 2019[102]. Le nombre d'amendes forfaitaires délictuelles dressées pour ce délit est lui aussi en augmentation, puisqu'il était de 106 476 en 2021 et de 143 447 en 2022, ce qui donne une augmentation de 34 % en un an. En outre, « depuis sa création, ce sont plus de 298 000 AFD qui ont été dressées par les forces de l'ordre

[102] SERVICE STATISTIQUE MINISTÉRIEL DE LA SÉCURITÉ INTÉRIEURE, « Insécurité et délinquance en 2022 : bilan statistique », 28 septembre 2023, p. 141.

dont 288 000 AFD cannabis, 8 400 AFD cocaïne et 1 400 AFD ecstasy MDMA »[103].

Le nombre très important d'amendes forfaitaires délictuelles dressées démontre l'utilisation massive de cette procédure par les agents verbalisateurs, en particulier pour les délits qui ont été les premiers concernés par l'application de cette procédure. De plus, l'utilisation de cette procédure a été conditionnée par le juge, qui a fixé des critères d'application.

B. Une utilisation conditionnée par le juge

La deuxième preuve que la procédure de l'amende forfaitaire délictuelle est désormais bien ancrée dans l'appareil judiciaire est le travail du juge dans le domaine, et les conditions qu'il a fixées pour que cette procédure puisse s'appliquer conformément aux normes constitutionnelles, qu'elle soit la plus respectueuse possible des droits et libertés fondamentaux et qu'elle ne prenne pas une ampleur démesurée dans le futur.

Les conditions les plus importantes ont été posées par le Conseil constitutionnel, qui a donc validé le principe de la procédure de l'amende forfaitaire délictuelle. Dans un premier temps, il a écarté le grief tiré de la méconnaissance du principe de séparation des pouvoirs par la procédure de l'amende forfaitaire délictuelle. En effet, le Conseil constitutionnel relate de manière lapidaire qu' « en premier lieu, l'article 16 de la Déclaration de 1789 et l'article 64 de la Constitution garantissent l'indépendance de l'ensemble des juridictions ainsi que le caractère spécifique de leurs fonctions, sur lesquelles ne peuvent empiéter ni le législateur, ni le Gouvernement, non plus qu'aucune autorité administrative. L'agent qui

---

103 MINISTÈRE DE L'INTÉRIEUR, « Bilan 2022 lutte contre les drogues », 1 mars 2023, p. 3.

établit l'amende forfaitaire agit, en vertu des articles 12 et 39-3 du Code de procédure pénale, sous la direction du procureur de la République et conformément aux instructions générales ou particulières qu'il lui délivre. Dès lors, le grief tiré de la méconnaissance du principe de séparation des pouvoirs doit être écarté »[104].

Ce dernier a néanmoins imposé certains critères de délimitation pour la bonne application de cette procédure. En l'espèce, il a imposé que les délits qui peuvent être visés par la procédure de l'amende forfaitaire délictuelle sont les délits qui sont réprimés par la loi d'une peine inférieure ou égale à trois années d'emprisonnement, faisant partie des délits « les moins graves »[105]. Ce seuil étant fixé, le Conseil constitutionnel poursuit en validant le choix du législateur de fixer le plafond des amendes forfaitaires délictuelles au même niveau que le plafond des amendes contraventionnelles, à savoir 3000 euros[106].

Ces critères arbitraires sont fixés par le Conseil constitutionnel pour justifier le recours à une accélération du procès pénal pour des délits spécialement déterminés, tout en respectant les exigences du principe d'égalité devant la justice[107] et du principe d'individualisation des

---

[104] Cons. const., n°2019-778 DC du 21 mars 2019, loi de programmation 2018-2022 et de réforme pour la justice, §248 et 249.
[105] *Ibid.*, §252.
[106] *Ibid.*
[107] *Ibid.*, §255-258.
En particulier, le Conseil constitutionnel précise qu' « en imposant des montants minimums pour les amendes prononcées par le juge lorsque le délit poursuivi a fait l'objet à l'origine d'une procédure d'amende forfaitaire, le législateur a, dans l'intérêt d'une bonne administration de la justice et pour assurer la répression effective de certains délits, retenu un dispositif qui fait obstacle à la multiplication des contestations dilatoires.
Toutefois, il résulte de ces dispositions que deux personnes ayant commis la même infraction sont susceptibles d'être soumises à une

peines[108], afin d'assurer une bonne administration de la justice et une répression effective de certains délits.

---

règle différente quant au minimum de la peine d'amende applicable selon que l'autorité de poursuite aura choisi de prononcer une amende forfaitaire, qui a pour conséquence d'imposer un tel minimum, ou qu'elle aura choisi une autre voie de poursuite, qui laisse le juge libre de fixer la peine en considération des circonstances propres à chaque espèce. Cette différence de traitement est d'autant plus importante que le montant de l'amende forfaitaire est élevé. Dès lors, les deuxième et troisième alinéas de l'article 495-21 du Code de procédure pénale ne sauraient, sans méconnaître le principe d'égalité devant la loi pénale, s'appliquer à des délits dont le montant de l'amende forfaitaire est supérieur à la moitié du plafond prévu en matière d'amendes forfaitaires délictuelles par le premier alinéa de l'article 495-17 du Code de procédure pénale ».

[108] *Ibid.*, §259-264.
Principalement, le Conseil constitutionnel explicite qu' « en premier lieu […] l'instauration d'un montant minimum des peines d'amendes prononcées par le juge, lorsqu'à l'origine l'infraction poursuivie a fait l'objet d'une amende forfaitaire, est justifiée par l'intérêt d'une bonne administration de la justice et pour assurer la répression effective de certains délits. En deuxième lieu […] le minimum d'amende encourue ne peut être supérieur à la moitié du plafond des amendes contraventionnelles. En troisième lieu, ces dispositions laissent au juge le soin de fixer la peine dans les limites, d'une part, de l'amende forfaitaire ou de l'amende forfaitaire majorée et, d'autre part, du maximum de l'amende encourue. En outre, elles n'interdisent pas à la juridiction de faire usage d'autres dispositions d'individualisation de la peine lui permettant de prononcer les peines et de fixer leur régime en fonction des circonstances de l'infraction et de la personnalité de son auteur. Ainsi, en vertu de l'article 132-17 du Code pénal, la juridiction peut ne prononcer que l'une des peines encourues. Elle peut également, en vertu du dernier alinéa de l'article 495-21 du Code de procédure pénale, à titre exceptionnel, par décision spécialement motivée au regard des charges et des revenus de la personne, ne pas prononcer d'amende ou prononcer une amende d'un montant inférieur. En dernier lieu, le caractère forfaitaire de l'amende payée, sans contestation, par la personne à laquelle l'infraction est reprochée ne méconnaît pas, par lui-même, le principe d'individualisation des peines ».

Quelques années plus tard, le Conseil constitutionnel a eu l'occasion de réaffirmer ces critères lors de sa saisine avant l'entrée en vigueur de la loi d'orientation et de programmation du ministère de l'Intérieur en janvier 2023. Il rappelle le respect du principe d'égalité devant la justice par la procédure de l'amende forfaitaire délictuelle, sous les conditions précédemment évoquées[109], mais également le respect du principe de séparation des pouvoirs[110].

De plus, lors de cette décision, il proclame que « les griefs tirés de la méconnaissance du principe de la séparation des pouvoirs, de la présomption d'innocence, des droits de la défense, du droit à un recours juridictionnel effectif, du droit à un procès équitable et du principe d'individualisation des peines, qui sont dirigés contre les dispositions déjà promulguées des articles 495-17 à 495-25 du Code de procédure pénale instituant le régime juridique de l'amende forfaitaire délictuelle, et non contre les dispositions contestées de l'article 25 de la loi déférée, ne peuvent qu'être écartés »[111].

Bien que logique, cette dernière décision est dommageable, car une étude rigoureuse du Conseil constitutionnel sur une éventuelle atteinte à ces principes directeurs de la matière pénale occasionnée par la procédure de l'amende forfaitaire délictuelle aurait été la bienvenue.

Le Conseil d'État, quant à lui, a eu l'opportunité d'apporter son avis consultatif sur les lois successives prévoyant l'extension de l'amende forfaitaire délictuelle. Il a d'abord eu l'occasion d'estimer que « lorsque l'auteur d'une infraction pénale ne conteste ni sa culpabilité ni la

---

[109] Cons. const. n°2022-846 DC du 19 janvier 2023, loi d'orientation et de programmation du ministère de l'Intérieur, §139-141.
[110] *Ibid.*, §147.
[111] *Ibid.*, §146.

peine ou la mesure qu'il est envisagé de lui imposer, les mesures tendant à favoriser un traitement rapide et efficace de la procédure doivent être encouragées, dès lors que des garanties appropriées assurent que la personne mise en cause est mise à même de donner un consentement libre et éclairé tant sur sa culpabilité que sur la peine ou la mesure envisagée »[112]. Puis, spécifiquement à propos de la procédure de l'amende forfaitaire délictuelle, il poursuit en adhérant au point de vue du Conseil constitutionnel sur les critères de délimitation qu'il a défini[113].

Il convient de relever que dans ce paragraphe de l'avis cité d'avril 2018, le Conseil d'État définit la procédure de l'amende forfaitaire délictuelle comme étant « une procédure de type transactionnel », alors que ce paragraphe se situe dans une sous-section nommée « alternatives aux poursuites ». Dès lors, dans cet avis, le Conseil d'État semble regrouper dans une même catégorie les procédures de type transactionnel avec les véritables alternatives aux poursuites que sont la composition pénale et la comparution sur reconnaissance préalable de culpabilité.

Enfin, le Conseil d'État a ultérieurement eu l'occasion de publier un avis important sur le projet de loi initial d'orientation et de programmation du ministère de l'Intérieur. Lors de celui-ci, il adopte un positionnement beaucoup plus critique envers les souhaits du Gouvernement de généraliser la procédure de l'amende forfaitaire délictuelle à tous les délits punis d'un an d'emprisonnement au plus et d'une seule peine d'amende, et de l'appliquer aux mineurs de plus de 16 ans. En effet,

---

[112] CE, Avis sur un projet de loi de programmation pour la justice 2018-2022, n°394535, 12 avril 2018, §81.
[113] *Ibid.*, §82.

le Conseil d'État s'oppose à ces deux volontés du Gouvernement.

Tout d'abord, il ne retient pas « l'article relatif à la généralisation de la procédure d'amende forfaitaire délictuelle qui, selon lui, méconnaît le principe d'égalité devant la justice et est entaché d'incompétence négative. C'est au législateur qu'il appartient d'apprécier au cas par cas et dans le respect de ce principe, la pertinence du recours à cette procédure au regard de la conciliation à opérer entre la nature du délit concerné, la protection des droits des personnes mises en cause et des victimes, la défense des intérêts de la société et les exigences tant d'une bonne administration de la justice que d'une répression effective des infractions »[114]. Ensuite, il analyse la volonté politique du Gouvernement d'appliquer cette procédure aux mineurs de plus de 16 ans comme privant les magistrats « d'examiner la situation du mineur et de rechercher les solutions adaptées à son relèvement éducatif et moral [...] cet examen [étant] un des éléments constitutifs du principe fondamental reconnu par les lois de la République de justice pénale des mineurs »[115].

Ce faisant, tant le Conseil constitutionnel que le Conseil d'État sont venus émettre des conditions pour la bonne utilisation de la procédure de l'amende forfaitaire délictuelle. Ces conditions peuvent être résumées comme une interdiction de la procédure de l'amende forfaitaire délictuelle pour des délits punis d'une peine supérieure à trois années d'emprisonnement, une interdiction d'un montant d'amende forfaitaire délictuelle supérieur au plafond des amendes contraventionnelles, ainsi que des réticences et des soupçons d'inconstitutionnalité portées

[114] CE, Avis sur un projet de loi d'orientation et de programmation du ministère de l'Intérieur, n°404913, 10 mars 2022, §40.
[115] *Ibid.*, §41.

sur une éventuelle généralisation de la procédure de l'amende forfaitaire délictuelle ou encore sur son utilisation sur des mineurs. Ce travail de fond réalisé par le juge démontre bien sa place bien concrète dans l'arsenal à disposition des agents verbalisateurs, et de la justice pénale.

L'accélération du procès pénal entrainée par la procédure de l'amende forfaitaire délictuelle revêt un caractère important, voire indispensable, tant les divers dysfonctionnements rencontrés par le système de justice pénale française sont sérieux. Cette volonté politique de désengorger les juridictions et de sanctionner directement les individus pour des faits aisément constatables et peu graves est louable, et se traduit par une réelle prise en considération de cette nouvelle procédure par les agents verbalisateurs notamment, ainsi que par le juge.

Toutefois, la mise en application de cette volonté politique rencontre quelques obstacles, quelques difficultés, qui pourraient être dépassés par de nouvelles actions politiques.

Chapitre 2 : Une procédure d'application déficiente

L'adoption de cette nouvelle procédure de l'amende forfaitaire délictuelle, bien que nécessaire pour faire face aux problématiques de la justice pénale française, ne parvient pas à convaincre dans sa totalité. Effectivement, certains inconvénients de forme sont à regretter. Ces inconvénients ne sont toutefois pas irrévocables puisqu'ils pourraient être atténués par des actions du législateur et des pouvoirs publics en la matière.

Dans l'application pratique de la procédure de l'amende forfaitaire délictuelle, des insatisfactions notables sont à déplorer (Section 1). Par ailleurs, tous les délits visés par la procédure de l'amende forfaitaire délictuelle n'y sont pas adaptés, en particulier depuis l'extension marquante des délits visés par cette procédure en 2023 (Section 2).

Section 1 : Des insatisfactions dans l'application pratique

Les insatisfactions rencontrées dans l'application de la procédure de l'amende forfaitaire délictuelle peuvent être regroupées en deux catégories.

Dans la première, le rôle des agents verbalisateurs, qui prend une importance croissante au fil des années, peut être évoqué, puisqu'il peut désormais être perçu comme étant démesuré (§1). Dans la seconde, la performance réelle de la procédure de l'amende forfaitaire délictuelle peut elle aussi être étudiée, puisqu'il apparait que celle-ci est au minimum incertaine (§2).

§1 : Un renforcement trop important du rôle des agents verbalisateurs

Au fur et à mesure du déploiement de la procédure de l'amende forfaitaire délictuelle et de l'extension des délits visés, le rôle des agents verbalisateurs se voit lui aussi être renforcé, mais pas toujours à bon escient.

En effet, certains délits visés par cette procédure ne sont pas aisément constatables, avec des éléments constitutifs pour les caractériser parfois complexes, ce qui implique un rôle d'interprétation des faits de la part des agents verbalisateurs (A). De plus, depuis quelques mois, ces agents verbalisateurs se sont vu confier un nouveau rôle de percepteur des amendes forfaitaires délictuelles dressées, ce qui n'est pas sans causer certaines difficultés (B).

A. Un rôle regrettable d'interprétation des faits constatés

Pour que le principe de la procédure de l'amende forfaitaire délictuelle soit respecté, il est absolument nécessaire que le rôle des agents verbalisateurs soit cantonné à celui de constatation de faits simples et établis. Or, il apparait que proportionnellement à l'extension des délits visés par la procédure de l'amende forfaitaire délictuelle, le rôle des agents verbalisateurs est lui-aussi en développement.

En particulier, certains délits ne semblent pas respecter le critère de caractérisation simple et évidente, comme cela devrait être le cas. Notamment, la tentative de certains délits visés par la procédure de l'amende forfaitaire délictuelle est punissable[116]. Ces délits sont par exemple le vol d'une chose dont la valeur n'excède pas 300 euros, l'usage de fusées et artifices ou détention d'arme à l'occasion d'une manifestation sportive, ou encore la filouterie d'aliments ou de carburants, les tags, l'entrave à la circulation[117]. Ce sont des exemples de délits dont la tentative est punissable, visés par la procédure de l'amende forfaitaire délictuelle, et dont l'agent verbalisateur va devoir lui-même caractériser tous les éléments constitutifs sans aucune aide extérieure. L'interprétation des faits de l'agent verbalisateur va donc avoir, dans ces cas, un impact très important.

---

[116] Art. 121-5 C. pén. dispose que « la tentative est constituée dès lors que, manifestée par un commencement d'exécution, elle n'a été suspendue ou n'a manqué son effet qu'en raison de circonstances indépendantes de la volonté de son auteur ».

[117] BISIOU Y., « Amendes forfaitaires délictuelles : le retour du bon docteur Coué », *AJ Pénal*, n°11, 2022, p. 512.

Pour démontrer cette pensée, l'étude plus précise des doctrines d'emploi publiées par le ministère de la Justice s'avère être particulièrement utile, parce qu'elles ont pour but d'aider les parquets et les agents verbalisateurs dans leur travail. Il s'avère que la tentative d'un délit n'est, à l'heure actuelle, pas encore intégrée à la possibilité de dresser une amende forfaitaire délictuelle.

En prenant l'exemple de la doctrine d'emploi de l'amende forfaitaire délictuelle de vol d'une chose dont la valeur n'excède pas 300 euros, « il est juridiquement possible de recourir à l'AFD dans l'hypothèse d'une tentative de vol. Néanmoins, pour des raisons techniques tenant au développement des PVe, il est, en l'état des développements, impossible de verbaliser la tentative par AFD. Seules les infractions consommées pourront donner lieu à une AFD. En aucun cas une tentative de vol ne pourra faire l'objet d'une verbalisation par AFD ; une procédure ordinaire devra donc être ouverte »[118]. De ce fait, même s'il est théoriquement impossible d'utiliser la procédure de l'amende forfaitaire délictuelle pour sanctionner une tentative de vol, il apparait que cette impossibilité n'est que temporaire, et qu'elle deviendra possible lorsque les PVe le permettront.

En outre, d'autres éléments de cette doctrine d'emploi amènent à s'inquiéter sur le renforcement du devoir d'interprétation des agents verbalisateurs, en particulier en ce qui concerne les modalités de constatation. Cette doctrine d'emploi prévoit que « les forces de l'ordre doivent s'assurer que la personne faisant l'objet d'une procédure d'amende forfaitaire est dans un état normal et dispose de ses pleines capacités de compréhension et de

---

[118] MINISTÈRE DE LA JUSTICE, « Doctrine d'emploi – AFD Vol d'une chose dont la valeur n'excède pas 300 euros et vente à la sauvette », 5 juillet 2023, p. 2.

décision. Ainsi, la procédure d'amende forfaitaire ne doit pas être mise en œuvre lorsque la personne présente des difficultés de compréhension du fait de son absence de maîtrise suffisante de la langue française, de troubles psychiques manifestes ou si elle présente les caractéristiques d'une consommation récente d'alcool ou de produits stupéfiants ne permettant pas de s'assurer que l'intéressée est en état de comprendre la portée de ses déclarations »[119].

Ces critères évoqués sont problématiques car ils laissent place à une grande incertitude, tant au niveau des agents verbalisateurs que du mis en cause. Notamment, sur le terrain, un agent verbalisateur est-il compétent pour savoir avec certitude si l'individu souffre de réels troubles psychiques manifestes ? Est-il au moins capable de définir ce qu'est un trouble psychique et ce qui n'en est pas ? Il est largement permis d'en douter, cette connaissance médicale n'est pas du tout attendue chez un agent verbalisateur puisqu'elle relève d'un psychologue ou d'un psychiatre.

Enfin, un autre problème est soulevé lorsque le mis en cause est appréhendé par un tiers[120]. Dans ce cas, « lorsque l'équipage intervenant sur le lieu du vol est dépourvu d'OPJ, l'APJ présent apprécie avec discernement, selon les éléments de l'espèce et dans le respect des instructions de politique pénale délivrées par le procureur de la République et des exigences posées par la présente

---

[119] *Ibid.*, pp. 2-3.

[120] Art. 73 C. pr. pén. dispose que « dans les cas de crime flagrant ou de délit flagrant puni d'une peine d'emprisonnement, toute personne a qualité pour en appréhender l'auteur et le conduire devant l'officier de police judiciaire le plus proche ».

doctrine, si les conditions pour procéder à une verbalisation par AFD sont réunies »[121].

Ce présent cas d'interprétation exigé par le ministère de la Justice lui-même est peut-être celui qui pose le plus de problèmes. En effet, les missions des APJ sont prévues par la loi. Elles sont « de seconder, dans l'exercice de leurs fonctions, les officiers de police judiciaire ; de constater les crimes, délits ou contraventions et d'en dresser procès-verbal ; de recevoir par procès-verbal les déclarations qui leur sont faites par toutes personnes susceptibles de leur fournir des indices, preuves et renseignements sur les auteurs et complices de ces infractions »[122]. Les APJ n'ayant pas le grade d'OPJ, par définition, leur compétence est limitée par la loi, de manière parfaitement logique. Dès lors, la possibilité qui leur est accordée de pouvoir se passer de l'avis ou de l'ordre d'un OPJ pour dresser une amende forfaitaire délictuelle parait totalement étonnant.

Il convient de préciser que ces différents rôles d'interprétation ne sont pas exclusifs au délit de vol d'une chose dont la valeur n'excède pas 300 euros.

En effet, la possibilité pour l'APJ de dresser une procédure d'amende forfaitaire délictuelle en cas d'appréhension du mis en cause par un tiers vaut pour tous les délits visés par cette procédure, puisque tous les délits flagrants sont passibles d'une appréhension par un tiers. De plus, la tentative est actuellement déjà punissable concernant certains délits, puisque le PVe semble l'intégrer pour le délit d'introduction, détention ou usage

---

[121] MINISTÈRE DE LA JUSTICE, « Doctrine d'emploi – AFD Vol d'une chose dont la valeur n'excède pas 300 euros et vente à la sauvette », *op. cit.*, pp. 3-4.
[122] En application de l'art. 20 al. 8 à 10 C. pr. pén.

de fusées ou artifices dans une enceinte sportive notamment[123].

Certains organes de protection des droits de l'homme vont même plus loin et parlent de risque d'arbitraire de la part des agents verbalisateurs.

Ainsi, selon la Commission nationale consultative des droits de l'homme, « accorder ce pouvoir aux agents de police expose inévitablement les personnes mises en cause à un risque d'arbitraire »[124]. Bien que sur le fond cet argument peut être retenu, le terme « arbitraire » semble malgré tout manquer de nuance et de subtilité. Il est donc préféré un point de vue plus souple, en gardant à l'esprit que les agents verbalisateurs accomplissent leur mission en toute bonne foi et en conscience.

Ce rôle regrettable d'interprétation des faits constatés de la part des agents verbalisateurs doit être additionné avec leur rôle nouveau de percepteur du montant des amendes forfaitaires délictuelles dressées.

B. Un rôle nouveau de percepteur des amendes dressées

Comme évoqué précédemment, les agents verbalisateurs se sont vu octroyer la possibilité de percevoir eux-mêmes la somme d'argent issue de l'amende forfaitaire délictuelle qu'ils ont eux-mêmes

123 MINISTÈRE DE LA JUSTICE, « Doctrine d'emploi – AFD Introduction, détention ou usage de fusées ou artifices dans une enceinte sportive », 14 novembre 2023, p. 4.
124 COMMISSION NATIONALE CONSULTATIVE DES DROITS DE L'HOMME, « Généralisation de l'amende forfaitaire délictuelle : un recul des droits pour les justiciables », communiqué de presse, 3 octobre 2022, p. 1.

dressée[125]. Il s'agit là d'un renforcement de leur rôle initial prévu par la majorité politique, ce qui n'est pas sans causer quelques difficultés et quelques critiques négatives qui semblent partagées par les forces de l'ordre, ou du moins leurs syndicats.

Il convient de préciser que cette nouvelle faculté est encore très récente en matière d'amende forfaitaire délictuelle, même si elle était déjà possible en matière d'amende forfaitaire contraventionnelle[126], et par conséquent, il est encore trop tôt pour pouvoir l'analyser avec un recul suffisant. En effet, il s'avère que malgré la publication du décret d'application, le paiement immédiat des amendes forfaitaires délictuelles auprès des agents verbalisateurs n'est, à priori, opérationnel que depuis le 1 juin 2024[127].

Néanmoins, même étant non appliqué jusqu'à présent dans les faits, l'idée d'un paiement immédiat du montant de l'amende forfaitaire délictuelle auprès des forces de l'ordre inspire des craintes légitimes chez ces derniers, depuis les déclarations du président de la République en ce sens. Notamment, le syndicat UNSA Police déclarait que « le paiement en espèces sur la voie publique reste [...] trop fastidieux dans sa mise en œuvre opérationnelle : contraintes liées au transport et à la gestion du numéraire »[128]. Ces craintes ne peuvent qu'être reconnues, d'autant plus que le montant des amendes forfaitaires

---

[125] En application du décret n°2023-1026 du 6 novembre 2023 portant application de l'article 495-18 du Code de procédure pénale relatif au paiement immédiat du montant de l'amende forfaitaire délictuelle.
[126] Art. R49-2 C. pr. pén.
[127] D'après les propos tenus par Laurent FISCUS, directeur de l'ANTAI, devant les députés membres de la mission d'information sur le trafic de stupéfiants, 16 janvier 2024.
[128] UNSA Police, « Recouvrement AFD : *money is money* », communiqué de presse, 26 juin 2023.

délictuelles se compte en plusieurs centaines d'euros et sont d'un montant bien supérieur à celui des amendes forfaitaires contraventionnelles, ce qui peut faire redouter un potentiel danger d'agression ou de vol pour les agents verbalisateurs.

Ces risques supplémentaires encourus par les forces de l'ordre sont soulevés par d'autres syndicats de police, pour lesquels de nombreuses interrogations subsistent. Par exemple, Éric HENRY, délégué national d'Alliance, s'est demandé ce qui se passerait « si le policier doit enchainer les interventions et qu'il n'a pas le temps de ramener l'argent dans un lieu prévu à cet effet ? Et si l'argent est perdu lors d'une intervention difficile » [129].

De son côté, le secrétaire national unité SGP-police FO, Jean-Christophe COUVY, a également fait part de ses inquiétudes en affirmant que « la hiérarchie va nous pousser à ramener des AFD et à les faire payer tout de suite ». Il entreprend aussi une mise en situation hypothétique, dans laquelle « il faudra demander à la personne sous l'empire de stupéfiants de payer tout de suite, et lui expliquer qu'on va l'accompagner à un distributeur pour retirer de l'argent. Le ton va forcément monter un peu »[130]. Les prochains mois et les prochaines années devraient pouvoir permettre d'analyser si les craintes des forces de l'ordre étaient justifiées, à moins que les pouvoirs publics ne décident, à juste titre, de revenir sur cette décision de paiement immédiat en matière d'amende forfaitaire délictuelle.

Dès lors, toutes ces inquiétudes partagées par les différents syndicats des forces de l'ordre ne peuvent

---

[129] 20 MINUTES, « Stupéfiants : “Le policier n'est pas un percepteur public”… L'annonce de Macron ne passe pas auprès des syndicats », 26 juin 2023, mise à jour 28 juin 2023.
[130] *Ibid.*

qu'amener à se questionner sur la faisabilité pratique d'une telle mesure. La procédure applicable en matière d'amende forfaitaire contraventionnelle n'est pas obligatoirement applicable en matière d'amende forfaitaire délictuelle, et le paiement immédiat de ces amendes en est une des preuves, puisqu'un paiement immédiat empêche toute contestation future, et entraine une inscription au casier judiciaire de l'individu verbalisé en matière délictuelle.

De manière concomitante à l'extension des délits visés par la procédure de l'amende forfaitaire délictuelle, le rôle des agents verbalisateurs dans cette procédure a également connu un renforcement, mais ce dernier est beaucoup trop important. Ce rôle n'est aujourd'hui plus seulement cantonné à la constatation des délits et à l'infliction des amendes forfaitaires, il a évolué pour y ajouter une mission d'interprétation de certains faits constatés pour caractériser la commission d'un délit, ainsi qu'une nouvelle fonction de récepteur des amendes forfaitaires délictuelles dressées. La polyvalence demandée aux agents verbalisateurs est regrettable, chacun devrait rester dans son rôle premier. En outre, les insatisfactions de l'application de la procédure de l'amende forfaitaire délictuelle se poursuivent avec une performance qui est loin d'être certaine.

§2 : Une efficacité incertaine du point de vue de la performance

L'efficacité de la procédure de l'amende forfaitaire délictuelle est à relativiser car sa performance réelle demeure incertaine. Notamment, les pouvoirs publics semblent très réticents à l'idée d'une transparence pleine et entière sur ce sujet.

En particulier, même si quelques statistiques ont pu être données « à la volée », il n'en demeure pas moins que le taux de recouvrement précis des amendes forfaitaires délictuelles dressées est très indécis (A). D'autre part, l'efficacité de cette procédure entraine malheureusement une perte de valeur du rapport à la matière pénale, tant cette procédure est mécanique dans son application et très lourde dans ses conséquences sur l'individu verbalisé (B).

A. Un taux indécis de recouvrement des amendes

Comme évoqué précédemment, le président de la République a eu l'occasion d'affirmer que le taux de recouvrement des amendes forfaitaires délictuelles était de l'ordre de 35 %. Ce taux, correspondant environ à une amende réglée sur trois dressées, parait bien trop faible pour s'assurer de l'efficacité de la performance de la procédure de l'amende forfaitaire délictuelle. En outre, cette donnée ne précise pas quels sont les délits concernés par ce taux de recouvrement. Est-ce une moyenne ? Aucun élément ne permet de le dire avec certitude.

Par ailleurs, ce manque de transparence regrettable concernant le taux de recouvrement des amendes forfaitaires délictuelles parait assumé par le Gouvernement, puisque « "Ça fait deux ans que Gérald DARMANIN communique sur l'amende forfaitaire, et en donnant systématiquement les augmentations des taux d'interpellation et en refusant de fournir une information précise sur le taux de recouvrement", précise Yann BISIOU, qui avait déposé deux recours à la Commission d'accès aux documents administratifs, qui ont été approuvés, mais restés sans réponse des ministères de l'Intérieur et de la Justice »[131].

[131] PUBLIC SÉNAT, « Cannabis : le paiement "immédiat" de l'amende forfaitaire loin de faire l'unanimité », 26 juin 2023.

L'indécision du taux de recouvrement des amendes forfaitaires délictuelles est renforcée par la différence marquée entre certaines données. Notamment, en ce qui concerne le recouvrement des amendes forfaitaires délictuelles dressées pour des délits routiers, ce taux « atteint 70-80 % »[132] d'après une source, néanmoins d'une fiabilité relative, alors que ce taux est de seulement « 13 % s'agissant des AFD routières »[133], d'après une source peut-être un peu plus fiable. Cette importante différence entre ces deux données ne peut qu'interpeller et entrainer des questionnements. Le manque de transparence criant de la part des pouvoirs publics en la matière est renforcé par la contradiction entre les différentes sources disponibles, déjà peu nombreuses.

À titre de comparaison, l'exemple du taux de recouvrement des amendes forfaitaires contraventionnelles majorées de circulation peut être utilisé, puisqu'il émane des données transmises par la Direction générale des finances publiques. En l'espèce, une diminution notable de ce taux est constatée entre 2010 et 2017, avec respectivement 37,7 % d'amendes forfaitaires majorées recouvrées contre 28,6 % sept ans plus tard[134]. Il convient de noter qu'il s'agit ici du recouvrement des amendes forfaitaires majorées, donc il n'est pas question des amendes forfaitaires réglées volontairement par les

---

132 *Ibid.*

133 Rapport n°436 fait au nom de la commission des lois sur le projet de loi d'orientation et de programmation du ministère de l'Intérieur, adopté par le Sénat après engagement de la procédure accélérée, enregistré à la Présidence de l'Assemblée nationale le 4 novembre 2022, p. 186.

134 Rapport d'information n°651 fait au nom de la commission des finances sur le recouvrement des amendes de circulation et des forfaits de post-stationnement, enregistré à la Présidence du Sénat le 10 juillet 2019, p. 23.

individus verbalisés avant la majoration de l'amende forfaitaire délictuelle.

Le Parlement a en outre cherché à atténuer la portée de ces faibles taux de recouvrement des amendes forfaitaires délictuelles, en arguant que « les difficultés de recouvrement des AFD s'inscrivent dans la problématique plus générale du recouvrement des amendes des juridictions pénales, dont le taux est lui aussi faible (38,5 % au niveau national en 2019) »[135].

Pourtant, la procédure applicable en matière de recouvrement est parfaitement claire. À défaut de paiement volontaire de la part des individus verbalisés dans un délai de quarante-cinq jours, « l'amende forfaitaire est majorée de plein droit et recouvrée au profit du Trésor public en vertu d'un titre rendu exécutoire par le procureur de la République »[136].

Néanmoins, cet article, en vigueur depuis la création de la procédure de l'amende forfaitaire délictuelle en novembre 2016, et non modifié depuis, ne parait pas permettre un recouvrement important des amendes forfaitaires délictuelles dressées. De plus, ce titre exécutoire, « signé par le procureur de la République, est transmis au comptable de la Direction générale des finances publiques »[137], lequel es informé sans délai par le procureur de la République en cas d'éventuelle réclamation recevable de l'individu verbalisé ayant annulé le titre exécutoire[138]. En tout état de cause, il semblerait

---

[135] Rapport n°436 fait au nom de la commission des lois sur le projet de loi d'orientation et de programmation du ministère de l'Intérieur, *op. cit.*, p. 186.
[136] Art. 495-18 al. 3 C. pr. pén.
[137] Art. D45-10 al. 3 C. pr. pén.
[138] Art. D45-12 C. pr. pén.

que le Trésor public se heurte notamment à l'insolvabilité de certains délinquants, ou encore à une adresse inconnue.

À titre d'information, les États généraux de la Justice ont semblé avoir pris la mesure de cette difficulté, puisque d'après leurs conclusions, il « paraît important d'inscrire la poursuite du mouvement dans une réflexion prévoyant l'effectivité du recouvrement »[139]. Il convient dès lors d'approuver cette proposition, et de souhaiter la mise en application concrète d'une réflexion en ce sens.

Le point de vue des décideurs politiques est que ce taux de recouvrement des amendes pourrait augmenter grâce au rôle nouveau des agents verbalisateurs de récepteur des amendes forfaitaires délictuelles dressées. Mais toutes ces évolutions, ce renforcement de la répression à tout prix, entrainent une perte de valeur du rapport au pénal.

B. Une perte de valeur du rapport au pénal

Au-delà d'une étude purement juridique et statistique de la procédure de l'amende forfaitaire délictuelle, il convient également d'aborder ce sujet sous un angle un peu plus sociologique, économique et philosophique.

Force est de constater que la performance du modèle de la procédure de l'amende forfaitaire délictuelle semble être remise en cause par la tournure prise par son évolution. En effet, certains prétendent même que « sous couvert de simplification, on transfère les pouvoirs judiciaires entre les mains de la police et de la gendarmerie, ce qui comporte un risque de sanction arbitraire. C'est un acte de défiance envers l'autorité judiciaire, attentatoire à la séparation des pouvoirs et à

---

[139] ÉTATS GÉNÉRAUX DE LA JUSTICE, « Annexe 13. Rapport du groupe de travail sur la simplification de la procédure pénale », 31 janvier 2022, p. 27.

l'état de droit, pour faire une politique du tout répressif »[140]. Ces propos tenus par le syndicat des avocats de France sont particulièrement critiques vis-à-vis de la procédure de l'amende forfaitaire délictuelle, telle qu'elle est appliquée. Pour rappel, le Conseil constitutionnel a déjà écarté le grief tiré d'une possible violation du principe de séparation des pouvoirs par cette procédure, même si cette décision peut largement être critiquée.

Il convient cependant de se concentrer sur les risques de sanction arbitraire et d'une politique du tout répressif, craintes qui ne peuvent qu'être partagées.

La justice pénale se trouve confrontée à différentes problématiques d'ampleur déjà évoquées. Pour répondre à certaines d'entre elles, le législateur a donc entre autres fait le choix d'étendre la procédure de l'amende forfaitaire délictuelle, dans une logique de politique du chiffre. En ce sens, la rationalité comptable est importante, il s'agit d'une volonté politique pragmatique[141]. Toutefois, cette volonté entraine effectivement une politique du tout répressif, avec des agents verbalisateurs incités à sanctionner directement. Cette procédure permet de réduire les coûts humains et financiers par rapport à une procédure standard, de la même façon que les autres procédures de justice négociée ou de justice simplifiée.

Ces dernières décennies, le but politique recherché est « l'intégration d'une logique de résultat dans les objectifs de la politique criminelle, en termes d'efficacité et de coût. Cette politique criminelle, depuis la phase d'incrimination jusqu'à la phase d'exécution, dessine progressivement les contours d'une philosophie pénale néo-utilitariste, qui

---

[140] SYNDICAT DES AVOCATS DE FRANCE, « L'extension du domaine de l'amende forfaitaire délictuelle, une bascule irresponsable et des plus dangereuses », 25 janvier 2022.
[141] V. *supra*.

oblige à repenser le procès traditionnel et la place du juge »[142]. Visiblement, la transformation du modèle de justice pénale est bien réelle, admise par la doctrine, mais regrettée par certains auteurs.

Dans la procédure de l'amende forfaitaire délictuelle, la place du juge est pratiquement inexistante, sauf en cas de contestation recevable de l'individu verbalisé. Il s'agit d'une véritable sanction policière, infligée par des agents verbalisateurs, aidés dans leur tâche par des circulaires et des doctrines d'emploi émanant des pouvoirs publics. Mais évidemment, une fois sur le terrain, la pratique remplace les règles théoriques. À ce propos, les critiques négatives envers le travail des forces de l'ordre sont nombreuses, ce qui oblige à les prendre en considération.

Pour une psychosociologue et une avocate devenue récemment présidente de la Ligue des droits de l'homme, « les amendes forfaitaires ciblent certaines conduites de jeunes, telles que l'absence de port de casque, le stationnement dans les halls d'immeuble, les jets d'ordure, qui faisaient auparavant l'objet du travail des médiateurs et des éducateurs. Le choix d'en faire des infractions, essentiellement traités par la police, renforce les affrontements quotidiens entre les jeunes et les policiers. Il donne l'avantage aux policiers, les jeunes n'ayant pas le moyen de recourir à la justice. La possibilité de mettre des amendes forfaitaires sur la base de vidéosurveillance renforce ce sentiment de suspicion permanente et d'absence de recours »[143]. En effet, l'objectif est tel que le répressif prime largement sur l'éducatif dans cette procédure.

---

142 JEAN J.-P., *Le système pénal*, Repères, 2008, p. 56.
143 BORDET J. et TEHIO N., « L'injustice des amendes forfaitaires », *Esprit*, 2023/4, p. 15.

Mais plus encore, les forces de l'ordre remplissent actuellement un rôle qui n'est pas le leur, celui du juge en plus de celui d'agent verbalisateur[144]. Or, chacun doit rester dans son rôle.

La performance réelle de la procédure de l'amende forfaitaire délictuelle parait être de ce point de vue également très incertaine. Les verbalisations sont dressées de manière mécanique, à la chaîne, en nombre très élevées. La sanction est automatique. Dans ces conditions, la perception de la différence entre une contravention, dont la création et la répression sont du domaine du règlement[145], et un délit, dont la création et la répression sont du domaine de la loi[146], n'est pas chose aisée, encore moins pour les individus verbalisés, et ce même si l'article 111-2 du Code pénal prévoit expressément cette distinction[147].

Pour ces raisons, il n'est pas exagéré de dire que la crainte de la justice et de la sanction se décale progressivement des magistrats vers les forces de l'ordre, en tout cas pour les délits les moins graves concernés par la procédure de l'amende forfaitaire délictuelle. La police inspire la crainte, ce qui n'est évidemment pas le but premier de ce corps de métier, qui est d'aider la population dans toute sa globalité et dans toutes ses différences économiques et sociales.

Ce faisant, l'application pratique du modèle de la procédure de l'amende forfaitaire délictuelle créé par le

---

144 V. *infra*.

145 En application de l'Art. 37 de la Constitution de 1958.

146 En application de l'Art. 34 al. 3 de la Constitution de 1958.

147 Art. 111-2 C. pén. dispose que « la loi détermine les crimes et délits et fixe les peines applicables à leurs auteurs. Le règlement détermine les contraventions et fixe, dans les limites et selon les distinctions établies par la loi, les peines applicables aux contrevenants ».

législateur ne parvient pas à convaincre totalement, notamment à cause du taux de recouvrement des amendes forfaitaires délictuelles dressées qui reste très occulté, avec quelques statistiques évoquées qui n'inspirent pas une confiance absolue sur la performance réelle de cette procédure, mais aussi en raison de la perte de valeur du rapport à la matière pénale entrainée par la rigidité de la mécanique de cette procédure et ses conséquences lourdes sur l'individu verbalisé, lequel peut en ignorer l'importance. Par ailleurs, en supplément de l'efficacité incertaine de cette procédure, les choix effectués par les pouvoirs politiques sur les délits visés par le mécanisme de la forfaitisation sont pour certains contestables.

Section 2 : Des choix politiques contestables sur les délits visés

Les travaux du Parlement et des pouvoirs politiques dans leur globalité ont été dans l'ensemble conséquents pour parvenir à l'adoption de la procédure de l'amende forfaitaire délictuelle telle qu'elle est connue actuellement.

Néanmoins, force est de constater que des critiques négatives peuvent être émises sur les choix politiques effectués concernant certains délits visés par le mécanisme de la forfaitisation (§1). En revanche, d'autres délits actuellement non visés par cette procédure pourraient tout à fait le devenir pour une meilleure administration de la justice (§2).

§1 : Une inadéquation de certains délits à la forfaitisation

Parmi tous les délits concernés par le mécanisme de la forfaitisation, certains ne semblent pas respecter les critères énoncés par les pouvoirs politiques pour que la procédure de l'amende forfaitaire délictuelle trouve un intérêt à s'appliquer. En particulier, certains délits visés n'entrainent pas un contentieux très important dans les juridictions (A), tandis que certains délits sont orientés de manière plus ou moins implicite vers certaines catégories sociales (B).

A. Des délits visés provoquant parfois un faible contentieux

Historiquement, la procédure de l'amende forfaitaire délictuelle a été créée pour être appliquée à certains délits routiers en raison du fort contentieux qu'ils entrainaient, ce qui avait des répercussions importantes sur leur répression ou leur absence de répression. Il en était de même par la suite pour le délit d'usage de stupéfiants.

Néanmoins, force est de constater que ce critère du contentieux de masse ne semble désormais plus être une des raisons de l'application de cette procédure à certains délits ou non.

Depuis l'adoption de la loi d'orientation et de programmation du ministère de l'Intérieur début 2023, une part non négligeable des délits visés par la procédure de l'amende forfaitaire délictuelle ne provoque d'un faible, voire un très faible contentieux. Les objectifs réels du législateur semblent donc différents de celui de répondre à un contentieux important.

Quelques statistiques peuvent être relevées. Par exemple, le délit d'entrave à la circulation des véhicules sur la voie publique[148] n'a été constaté sur le territoire national par les forces de l'ordre qu'à 656 reprises en 2022[149]. Ce nombre très faible est sans commune mesure

---

[148] Délit prévu par l'art. L412-1 C. route.

[149] OBSERVATOIRE NATIONAL INTERMINISTÉRIEL DE LA SÉCURITÉ ROUTIÈRE, « Les infractions au code de la route,

avec ceux relevés pour les délits routiers et le délit d'usage de stupéfiants[150], délits historiques de la procédure de l'amende forfaitaire délictuelle.

De la même façon, les nombreux délits prévus par le Code des transports désormais visés par la procédure de l'amende forfaitaire délictuelle ne sont, en réalité, constatés que de manière très marginale par les forces de l'ordre. Ils sont en effet comptabilisés, pour la grande majorité d'entre eux, à quelques dizaines de fois par délits en 2022[151]. En revanche, les délits prévus par le Code des transports les plus constatés en 2022 ne sont pas actuellement visés par la procédure de l'amende forfaitaire délictuelle. Il s'agit en particulier des différents délits relatifs à la durée de conduite journalière ou à la durée du temps de repos obligatoire[152].

Malheureusement, les statistiques précis des faits constatés par les forces de l'ordre pour les autres délits non routiers visés par la procédure de l'amende forfaitaire délictuelle sont beaucoup plus difficile à trouver, tant les délits prévus sont bien spécifiques. Il n'en demeure pas moins que ce ne sont pas tous des délits provoquant un contentieux important, ce qui amène des interrogations quant à la réelle volonté de la majorité politique. Et ce d'autant plus que certains délits visés par cette procédure sont orientés implicitement vers certaines catégories sociales.

L'impact sur le permis à points, Bilan statistique 2022 », *op. cit.*, Annexe 4, p. 107.

[150] V. *supra.*

[151] *Ibid.*, pp. 130-135.

[152] *Ibid.*

B. Des délits visés parfois orientés vers certaines catégories sociales

En plus de s'appliquer à des délits provoquant un faible contentieux, le mécanisme de la forfaitisation s'adresse également à des délits orientés vers certaines catégories sociales, de manière plus ou moins implicite.

Effectivement, le premier exemple marquant est le déploiement de la procédure de l'amende forfaitaire délictuelle pour le délit d'installation illicite en réunion sur le terrain d'autrui[153]. Le public visé ne trompe personne, puisque ce déploiement est apparu de manière explicite avec une loi du 7 novembre 2018 relative à l'accueil des gens du voyage et à la lutte contre les installations illicites. Cette analyse est partagée par Évelyne BONIS et Romain OLLARD, deux professeurs, lesquels considèrent que « cette exigence d'installation en réunion montre bien que, même si le texte ne pose aucune limitation quant aux personnes pouvant se rendre coupables des faits, il a néanmoins été conçu pour s'appliquer par priorité aux gens du voyage »[154].

Il convient en outre de relever que ce délit a été forfaitisé à peine deux années après la création de la procédure de l'amende forfaitaire délictuelle, ce qui en fait un des premiers concernés par l'application de cette procédure. Le législateur a donc rapidement utilisé cette procédure, dont le modèle était au départ louable, dans un but détourné de ses objectifs initiaux. Certes, l'occupation d'un terrain ne leur appartenant pas est un mode d'action privilégié des gens du voyage, qui occasionne de forts

[153] Pour rappel, ce délit est prévu à l'art. 322-4-1 C. pén.

[154] BONIS É. et OLLARD R., « Art. 322-1 à 322-4-1 – Fasc. 20 : Destructions, dégradations et détériorations ne présentant pas de danger pour les personnes », *JurisClasseur Pénal Code*, Lexis, 4 décembre 2017, mise à jour 26 mai 2023, §148.

désagrément pour les propriétaires des terrains occupés, mais le contentieux qui en découle est lui très faible, surtout en matière pénale.

Les pouvoirs publics semblent être sans solution efficace face à ce phénomène, et la pénalisation de ce mode de vie particulier n'est qu'un recours d'une efficacité loin d'être certaine. De manière évidente, les associations de gens du voyage ont protesté contre l'application de cette procédure à leur encontre, la présidente de l'Association nationale des gens du voyage citoyens regrettant notamment qu' « on nous met une amende alors que dans de nombreux départements, les communes n'ont pas créé les aires d'accueil prévues par la loi donc on est obligé de se mettre ailleurs »[155].

Il convient de relever que le Conseil d'État s'est spécifiquement prononcé sur une requête déposée par l'association sociale nationale internationale tzigane, en arguant, spécifiquement sur l'envoi de l'avis de réception en lettre simple, que « les dispositions contestées sont applicables à l'ensemble des délits relevant de la procédure d'amende forfaitaire. Elles n'ont par elles-mêmes ni pour objet, ni pour effet de porter atteinte au mode de vie itinérant des gens du voyage »[156], en ajoutant que les dispositions ne méconnaissent pas le droit des gens du voyage au respect de leur vie privée et familiale, ni que ces dispositions introduiraient à leur encontre une discrimination. Cette décision ne peut qu'interroger, dans la mesure où elle demeure lapidaire, et ne semble pas tenir compte des difficultés entrainées par le mode de vie spécial des gens du voyage. Cela dit, le Conseil d'État ne se prononce pas sur les délits visés par cette procédure,

---

155 LA CROIX, « Les gens du voyage jugent l'amende forfaitaire délictuelle discriminatoire », 22 février 2022.
156 CE, 5ème chambre, n°457736, 17 mars 2023.

mais simplement sur l'envoi en lettre simple des avis d'infraction.

D'autres exemples plus récents peuvent être relevés pour démontrer le ciblage de certaines catégories sociales au travers de la procédure de l'amende forfaitaire délictuelle, de manière cette fois plus implicite. Parmi eux, un certain nombre de délits visés depuis la loi d'orientation et de programmation du ministère de l'Intérieur de janvier 2023 sont concernés. Il s'agit entre autres du délit de « tags »[157], d'entrave à la circulation routière[158], ou encore plusieurs délits du Code des transports[159]. Ces délits visés ont pour point commun d'être des modes d'action récurrents lors des différentes manifestations. En effet, pour le délit de « tags », le public visé ne semble évidemment pas être l'artiste d'art urbain Banksy, mais plutôt les manifestants politiquement très à gauche, alors que pour le délit d'entrave à la circulation routière, il ne fait aucun doute que le public visé se trouve être les manifestants contre l'inaction de l'État en matière écologique notamment, avec leur fameux *sit-in*[160]. Enfin, les délits prévus par le Code des transports visés par la procédure de l'amende forfaitaire délictuelle semblent eux être commis en particulier par des grévistes pour mieux faire entendre leurs revendications.

Tous ces délits semblent être visés par la procédure de l'amende forfaitaire délictuelle pour assurer une sanction pécuniaire à ces agissements contre la majorité politique, puisqu'il semble, d'après le législateur, que le système

---

157 Art. 322-1 al. 2 C. pén.
158 Art. L412-1 C. route.
159 En particulier, tous les délits prévus par l'art. L2242-4 C. transp.
160 Selon le dictionnaire LAROUSSE, le *sit-in* est un anglicisme qui peut être défini comme une « manifestation non violente consistant, pour les participants, à rester assis sur la voie publique ».

classique de justice pénale ne soit pas suffisamment répressif et dissuasif contre ces modes d'action. Dès lors, force est de constater que le législateur utilise la procédure de l'amende forfaitaire délictuelle de manière détournée en comparaison de ses objectifs historiques.

Les pouvoirs politiques ont donc fait le choix de forfaitiser certains délits qui n'auraient pas dû l'être, dans un objectif qui n'a jamais été formellement explicité, mais il est néanmoins possible de suggérer, sans trop de doutes, que cet objectif était surtout de sanctionner autrement les modes d'action des manifestants, afin de réprimer les actions habituelles des opposants au pouvoir politique majoritaire par cette sanction policière directement dressée, dans une logique de dissuasion et de logique comptable. À l'inverse, certains délits qui ne sont pas encore visés par la procédure de l'amende forfaitaire délictuelle pourraient pourtant être recevables au mécanisme de la forfaitisation.

§2 : Une proposition de délits justiciables à la forfaitisation

Les critères relevés pour une bonne application de la procédure de l'amende forfaitaire délictuelle, à savoir des délits engendrant un contentieux abondant, simples à constater et punis de moins de trois années d'emprisonnement, semblent être remplis pour certains délits actuellement non concernés par cette procédure, dont quelques-uns paraissent pouvoir prétendre à la forfaitisation, en plus de marquer l'actualité depuis ces derniers mois voire ces dernières années. Il s'agit particulièrement des situations de « rodéos urbains » (A) et du cas des « squatteurs » (B).

A. L'exemple des « rodéos urbains »

Une première proposition de délits qui pourraient être justiciables au mécanisme de la forfaitisation est celle des rodéos motorisés[161], communément nommés « rodéos urbains ». Il convient de préciser qu'une telle proposition a déjà été formulée lors des travaux parlementaires de la loi d'orientation et de programmation du ministère de l'Intérieur.

En effet, deux amendements pour étendre la procédure de l'amende forfaitaire délictuelle à ce délit ont été déposés devant l'Assemblée nationale, et adoptés. Ces amendements prévoyaient « à titre expérimental, une simplification opérationnelle de la répression des auteurs de rodéos en appliquant la procédure de l'amende forfaitaire délictuelle aux délits non aggravés de rodéos motorisés et hors cas de récidive. L'efficacité de ce dispositif sera évaluée après trois ans d'application »[162]. D'ailleurs, ces amendements avaient été intégrés au texte de l'Assemblée nationale adopté en première lecture[163]. Depuis, même si tel n'est pas encore prévu dans les dispositions législatives de ce délit, la procédure de l'amende forfaitaire délictuelle est applicable, mais seulement à titre expérimental[164].

---

[161] V. art. L236-1 C. route.

[162] V. les amendements n°768 et n°773 déposés le 9 novembre 2022 et adoptés en séance publique de l'Assemblée nationale le 17 novembre 2022.

[163] Texte adopté n°32 sur le projet de loi d'orientation et de programmation du ministère de l'Intérieur, modifié par l'Assemblée nationale en première lecture, 22 novembre 2022, p. 34.

[164] Art. 25 XI de la loi n°2023-22 du 24 janvier 2023 d'orientation et de programmation du ministère de l'Intérieur.

Ce faisant, l'application de la procédure de l'amende forfaitaire délictuelle pour le délit de rodéo motorisé semblerait être une idée à encourager. De manière générale, les infractions au Code de la route, qu'elles soient de nature contraventionnelle ou de nature délictuelle, semblent être privilégiées pour la bonne application de la procédure de l'amende forfaitaire, en ce que le simple constat par les agents verbalisateurs parait relativement aisé, avec des éléments constitutifs souvent faciles à caractériser, commises en nombre important, et avec des peines encourues souvent peu lourdes. D'ailleurs, un nombre important de ces infractions sont d'ores et déjà passibles du prononcé d'une amende forfaitaire.

Comme l'indiquent très justement les amendements qui avaient été déposés, « les rodéos constituent un danger récurrent pour nos concitoyens. Ils engendrent des nuisances sonores considérables et les exposent à des risques collatéraux »[165]. De nombreux faits d'actualité démontrent d'ailleurs cette assertion. Même si le nombre de rodéos motorisés constatés chaque année n'est en lui-même pas très important[166], l'application de la procédure de l'amende forfaitaire délictuelle devrait permettre d'entrainer une augmentation de cette statistique, puisque les forces de l'ordre seront plus enclines à les intercepter en sachant qu'une sanction pécuniaire sera dressée, au lieu de démarrer une enquête ordinaire dont l'issue n'est pas toujours favorable à une véritable sanction.

Il convient de relever enfin que les peines actuellement encourues en cas de rodéos motorisés ne permettent pas dans tous les cas de figure l'application de la procédure de

---

165 Amendements n°768 et n°773 précités.

166 Toujours d'après ces amendements, 3 808 délits de rodéos motorisés ont été constatés entre le 1 janvier 2022 et le 9 novembre 2022.

l'amende forfaitaire délictuelle, en particulier en cas de nombreuses circonstances aggravantes.

Pour rappel, un des critères établis par le Conseil constitutionnel est que cette procédure ne peut être appliquée que pour des délits punis au maximum de trois ans d'emprisonnement. Or, « les peines sont portées à cinq ans d'emprisonnement [...] en cas de cumul d'au moins deux des circonstances prévues aux 1°, 2° et 3° du III »[167]. Dès lors, une éventuelle pérennisation de l'application de cette procédure ne pourrait se réaliser que pour des faits de rodéos motorisés simples, ou aggravés par une seule circonstance, à moins de légiférer pour réduire les peines encourues en cas de faits commis avec deux circonstances aggravantes. Néanmoins, il apparait que cette dernière possibilité n'est absolument pas envisageable actuellement, en raison de l'image très négative de laxisme que cela enverrait[168].

En plus des délits de rodéos motorisés, une deuxième proposition de délits justiciables à la forfaitisation peut être soulevée, avec des délits relatifs au phénomène du « squat ».

B. L'exemple des « squatteurs »

Une deuxième proposition de délits qui pourraient être justiciables au mécanisme de l'amende forfaitaire délictuelle est celle relative à des délits commis par les

---

167 Art. L236-1 IV C. route.

168 Et ce d'autant plus que le législateur a déjà légiféré assez récemment sur ce sujet, par la loi n°2018-701 du 3 août 2018 renforçant la lutte contre les rodéos motorisés, qui est venue améliorer la répression contre ces délits. L'opinion publique n'a de plus actuellement aucune envie d'entendre parler de l'éventuelle diminution d'une peine encourue, surtout pour des délits qui marquent régulièrement l'actualité.

« squatteurs », qui eux aussi marquent durablement l'actualité ces dernières années.

Plusieurs situations distinctes peuvent être envisagées, mais toutes ne peuvent pas être regardées comme pouvant être visées par la procédure de l'amende forfaitaire délictuelle, en raison notamment de la complexité de certains cas de figure, avec des faits parfois difficiles à caractériser, pour lesquelles une enquête en bonne et due forme doit être menée. Il ne doit pas y avoir de doute sur la réalité du délit commis.

Il s'agit dans cette proposition de sanctionner par la procédure de l'amende forfaitaire délictuelle l'occupation illicite d'un domicile, au même titre que sont déjà sanctionnées les occupations en réunion des espaces communs et toits d'immeuble[169], mais aussi l'occupation illicite de tout local à usage d'habitation ou à usage commercial, agricole ou professionnel, donc au-delà du simple domicile. Il s'agit d'une extension des locaux pouvant être concernés par un squat.

Plus précisément, les délits visés par cette proposition sont les délits d' « introduction dans un local à usage d'habitation ou à usage commercial, agricole ou professionnel à l'aide de manœuvres, de menaces, de voies de fait ou de contrainte » [170], de « maintien dans le local à la suite de l'introduction »[171], ainsi que « le maintien sans droit ni titre dans un local à usage d'habitation en violation d'une décision de justice définitive et exécutoire ayant donné lieu à un commandement régulier de quitter les lieux depuis plus de deux mois »[172]. Ces délits ont été

---

[169] Art. L126-3 C. constr. et habit.
[170] Art. 315-1 al. 1 C. pén.
[171] *Ibid.*, al. 2.
[172] Art. 315-2 al. 1 C. pén.

créés très récemment[173], preuve de l'enjeu contemporain important de ces comportements.

Le critère relatif à la peine encourue maximale de trois ans d'emprisonnement est respecté pour ces délits[174], la procédure de l'amende forfaitaire délictuelle pourrait donc trouver à s'appliquer.

Le critère relatif au contentieux de masse ne semble en revanche pas être respecté. Effectivement, ces délits étant très récents, il est encore impossible de donner des statistiques exactes. Néanmoins, la majorité politique admet que « si elles restent peu fréquentes, les situations de squat privant de leur domicile les propriétaires et résidents qui en sont victimes génèrent des situations particulièrement précaires et inacceptables dans un État de droit »[175].

En ce sens, ces délits ressemblent à un certain nombre d'autres délits visés par la procédure de l'amende forfaitaire délictuelle, qui n'engendrent pas un contentieux de masse mais qui ont tout de même un certain impact. Dans le cas des squats, ces derniers ont un fort impact négatif sur l'opinion publique, même si « l'Observatoire des squats n'a ainsi dénombré que 170 cas de squats de domicile en 2021 nécessitant l'intervention du préfet, dont la majorité ont été rapidement résolus »[176].

---

[173] Ils ont en effet été créés par la loi n°2023-668 du 27 juillet 2023 visant à protéger les logements contre l'occupation illicite.

[174] L'art. 315-1 prévoit une peine maximale de deux ans d'emprisonnement et 30 000 euros d'amende, tandis que l'art. 315-2 prévoit une peine de 7 500 euros d'amende.

[175] MINISTÈRE DE LA TRANSITION ÉCOLOGIQUE, Circulaire NOR : TREL2327219C du 2 mai 2024 relative à la réforme de la procédure administrative d'évacuation forcée en cas de squat, p. 2.

[176] Amendement n°85 à la loi visant à protéger les logements contre l'occupation illicite, déposé le 24 novembre 2022, p. 2.

Même si la procédure de l'amende forfaitaire délictuelle semblerait encore une fois détournée de ses objectifs principaux, et que ce simple fait demeure critiquable[177], cette procédure pourrait toutefois être utile dans le cas de ces délits, puisqu'elle permettrait d'ajouter un outil dans l'escarcelle à disposition des parquets et des forces de l'ordre pour sanctionner les squatteurs et les inciter à respecter une éventuelle décision de justice définitive. Il s'agirait d'une sanction dans un but de dissuasion et non pas de répression, puisque le montant de cette amende forfaitaire délictuelle ne serait que de quelques centaines d'euros. De plus, le prononcé de cette sanction pécuniaire pourrait soulager un tant soit peu les victimes, et les freiner dans une éventuelle volonté de leur part de déloger les squatteurs par eux-mêmes, comme tel a été le cas dans certaines situations médiatisées.

De manière évidente, la procédure de l'amende forfaitaire délictuelle ne pourrait pas trouver à s'appliquer lorsque les situations sont d'une certaine complexité, et dans ces cas, les autres types de procédures devront se mettre en place, qui nécessiteront notamment le recours à la procédure du référé-expulsion, ou encore l'intervention de l'autorité préfectorale, avec une autorisation nécessaire de sa part pour expulser les squatteurs avec le concours de la force publique[178].

---

[177] V. *supra*.

[178] L'art. L153-1 C. pr. civ. exéc. dispose que « l'État est tenu de prêter son concours à l'exécution des jugements et des autres titres exécutoires. Le refus de l'État de prêter son concours ouvre droit à réparation. Les modalités d'évaluation de la réparation due au propriétaire en cas de refus du concours de la force publique afin d'exécuter une mesure d'expulsion sont précisées par décret en Conseil d'État ».

En outre, il convient de souligner qu'un revirement de jurisprudence a été réalisé par la Cour de cassation concernant le délit d'abus de confiance. Désormais, celui-ci peut « porter sur un bien quelconque en ce compris un immeuble »[179]. Ce revirement de jurisprudence étant très récent, il n'a pas encore eu l'occasion d'être mis en pratique dans un cas de squat. Mais, en toute logique, le squat portant sur un bien immeuble, le délit d'abus de confiance pourrait désormais trouver à s'appliquer, ce qui pourrait entraver l'utilité de la procédure de l'amende forfaitaire délictuelle, qui n'est de toute évidence pas applicable en matière d'abus de confiance, puisque ce délit est trop complexe.

[179] Cass. crim., n°22-83.689, 13 mars 2024, §53.

En conclusion de cette première partie, il convient d'affirmer que la procédure de l'amende forfaitaire délictuelle est une procédure à géométrie variable, caractérisée par des points positifs dans ses objectifs initiaux et des points négatifs dans son application pratique.

Elle permet d'apporter une réponse cohérente aux problématiques contemporaines rencontrées par la justice pénale française d'engorgement des juridictions, de défaut de répression de certains délits peu graves et très représentés en nombre, et du manque d'effectivité de certaines peines prononcées. Elle répond également à une volonté d'accélération du procès pénal, en étant une réponse supplémentaire à disposition des forces de l'ordre pour sanctionner certains délits routiers et le délit d'usage de stupéfiants en particulier, délits peu graves, commis en nombre et aisément constatables. Cette réponse pénale est d'ailleurs maintenant bien ancrée dans l'appareil judiciaire, avec une utilisation très importante par les agents verbalisateurs, qui tend à augmenter encore dans les années à venir.

Cependant, cette procédure rencontre aussi des points négatifs dans l'application du modèle créé par les pouvoirs politiques. L'extension du nombre de délits visés par cette procédure entraine une modification du rôle des agents verbalisateurs, ces derniers ayant désormais un rôle d'interprétation des faits et non plus seulement de simple constatation des faits, selon les délits. Ils ont également un nouveau rôle de récepteur des amendes qu'ils dressent, ce qui n'est pas sans causer un certain danger et un certain risque à leur égard, en plus d'occasionner une perte de valeur du rapport au pénal au travers de la mécanique bien huilée de cette sanction policière, sans que sa performance ne soit limpide et perceptible, en raison d'un taux de recouvrement assez faible selon le peu de statistiques disponibles.

En outre, les délits choisis pour la forfaitisation par les pouvoirs politiques par la suite ne peuvent qu'emporter quelques débats, tant certains ne respectent pas le critère établi de contentieux important et sont orientés vers certaines catégories sociales telles que les opposants politiques ou les gens du voyage. Au contraire, d'autres comportements délictueux sembleraient pouvoir s'adapter au mécanisme de la forfaitisation, en particulier les délits relatifs aux « rodéos urbains » et aux « squatteurs ».

D'un autre côté, les règles procédurales matérielles applicables au mécanisme de l'amende forfaitaire délictuelle sont elles aussi parfois critiquables. Malgré l'idée astucieuse de la forfaitisation de certains comportements délictueux, force est de constater que la tournure prise par l'extension de cette procédure n'est pas adéquate. Quelques années après son apparition, elle demeure une procédure perfectible à bien des égards.

PARTIE II :

L'AMENDE FORFAITAIRE DÉLICTUELLE, UNE PROCÉDURE PERFECTIBLE

La procédure de l'amende forfaitaire délictuelle, bien qu'indispensable dans son principe de renouveau de la justice pénale, se heurte à certaines difficultés dans ses règles procédurales applicables, en plus des difficultés précédemment évoquées dans l'application du modèle voté par le législateur. Effectivement, cette procédure demeure perfectible à plusieurs égards, puisque, dans ses règles actuelles, elle se révèle être trop attentatoire à certains principes directeurs de la matière pénale (Chapitre 1), ainsi qu'au particularisme de la matière délictuelle (Chapitre 2).

Il convient de préciser qu'une part importante de ces difficultés ont été relevées dans la décision-cadre de la Défenseure des droits relative à l'amende forfaitaire délictuelle du 30 mai 2023, lesquelles ont été sélectionnées selon leur importance dans le cadre de cette présente analyse. En effet, certaines difficultés paraissent plus importantes que d'autres, il convient dès lors de nuancer quelque peu l'avis de la Défenseure des droits, qui a notamment recommandé de « supprimer la procédure de l'amende forfaitaire délictuelle »[180].

Cette recommandation semble néanmoins irréalisable, et surtout une mauvaise idée, puisque cette procédure est

---

[180] DÉFENSEURE DES DROITS, « Décision-cadre n°2023-030 », *op. cit.*, p. 2.

utile en particulier pour les délits routiers, mais également l'usage de stupéfiants.

Chapitre 1 : Une procédure attentatoire à certains principes directeurs de la matière pénale

La procédure de l'amende forfaitaire délictuelle est marquée par différentes difficultés procédurales d'importance majeure, pour certaines desquelles le Conseil constitutionnel n'a, pour l'instant, pas eu l'occasion de se prononcer avec précision. Une restriction des droits des délinquants peut être envisagée lorsque ces derniers sont accessibles au prononcé d'une amende forfaitaire délictuelle à leur encontre, en raison de la nature simple et rapide de cette procédure, mais cette restriction est en l'espèce bien trop écrasante.

En effet, force est de constater que, dans la pratique, cette procédure entraine des difficultés d'accès au juge (Section 1), mais aussi des difficultés de respect du procès équitable (Section 2).

Section 1 : Des difficultés procédurales d'accès au juge

Quelques difficultés procédurales d'accès au juge sont à souligner et à dénoncer dans l'application pratique du mécanisme de l'amende forfaitaire délictuelle. Le principe même de cette procédure est l'absence de l'intervention du juge. Toutefois, ce dernier peut être amené à se prononcer en cas de contestation de la part de l'individu verbalisé qui ne reconnait pas les faits reprochés.

Cependant, il s'avère que cette contestation est rendue trop difficile en raison d'un formalisme trop contraignant (§1), et elle est encore davantage entravée pour les individus verbalisés provenant d'un milieu social défavorisé (§2).

§1 : Une contestation difficile à cause d'un formalisme trop contraignant

La contestation éventuelle d'une amende forfaitaire délictuelle dressée par un agent verbalisateur reste possible. Cette contestation exige néanmoins le respect d'un certain formalisme, sans quoi elle pourrait être déclarée irrecevable, ce qui entrainera l'application de la sanction policière avec toutes ses conséquences.

Ce formalisme contraignant se révèle être ambigu lors de la constatation de l'infraction (A), et excessif après la réception de l'avis d'infraction (B).

Il convient dès à présent de préciser que le terme « infraction » a été préféré à celui de « délit », qui pourtant aurait été plus juste, mais les règles procédurales actuellement applicables faisant mention d'un avis d'infraction, et non pas d'un avis de délit, ce terme a donc été privilégié, dans un souci de plus grande intelligibilité.

A. Un formalisme ambigu lors de la constatation de l'infraction

Lors de la constatation de l'infraction, plus précisément du délit, par l'agent verbalisateur, plusieurs incertitudes demeurent quant aux règles procédurales à respecter, et des erreurs récurrentes de qualification des faits semblent avoir été relevées par la Défenseure des droits. De plus, il apparait que les individus verbalisés ne sont pas toujours bien informés de leurs droits[181].

---

[181] Dans un mail adressé le 8 mai 2024, un avocat palois déclarait que « les justiciables règlent souvent directement les AFD et veulent les contester après, ce qui est impossible ».

En l'espèce, la Défenseure des droits fait part de plusieurs difficultés lors de la constatation du délit qu'il convient de regretter et de tenter d'améliorer. Ces difficultés sont regroupées en deux catégories principales, à savoir un encadrement insuffisant des agents verbalisateurs et un manque de lisibilité du procès-verbal électronique pour les individus verbalisés[182].

En ce qui concerne l'encadrement insuffisant des agents verbalisateurs, il convient de rappeler que ces derniers sont en première ligne dans la verbalisation des individus, puisque cette procédure « exclut toute prise d'attache avec la permanence du parquet pour assurer l'orientation à la suite de la constatation de l'infraction »[183].

Dès lors, un encadrement particulièrement rigoureux des prérogatives des agents verbalisateurs se doit d'être mis en place lors de la constatation du délit. Cependant, il apparait que des imprécisions notables sont à souligner en matière d'exigence de la reconnaissance des faits de la part de l'individu verbalisé. La Défenseure des droits relève que « pour la DGPN, l'absence de reconnaissance des faits n'exclut pas le recours à l'AFD, alors que pour la DACG, il doit être écarté en cas de contestation de la matérialité des faits par le mis en cause »[184].

Ces contradictions viennent porter atteinte à la nécessité d'un bon encadrement cohérent des agents verbalisateurs. Il convient alors de lever toute ambiguïté

---

[182] DÉFENSEURE DES DROITS, « Décision-cadre n°2023-030 », *op. cit.*, pp. 20-22.
[183] V. par exemple : MINISTÈRE DE LA JUSTICE, « Doctrine d'emploi – AFD Introduction, détention ou usage de fusées ou artifices dans une enceinte sportive », *op. cit.*, p. 1.
[184] DÉFENSEURE DES DROITS, « Décision-cadre n°2023-030 », *op. cit.*, p. 20.

lors de ce rapport de force en harmonisant les consignes données aux agents verbalisateurs.

En ce qui concerne cette fois le manque de lisibilité du procès-verbal électronique pour les individus verbalisés, la Défenseure des droits souligne les désagréments rencontrés par des individus verbalisés. De manière globale, les conditions de verbalisation sont critiquables en ce qu'elles « peuvent méprendre sur le caractère délictuel de la condamnation ainsi prononcée »[185]. Dès lors, l'individu verbalisé ne parait pas être en mesure de bien comprendre la gravité de la procédure dont il fait l'objet. En effet, l'utilisation d'un tel appareil numérique est nécessairement bien moins accommodante qu'un procès-verbal classique rédigé et imprimé.

En outre, la procédure applicable en matière délictuelle est très sensiblement identique à celle applicable depuis des décennies en matière contraventionnelle, ce qui n'est pas pour aider la compréhension par les mis en cause des différences qui existent entre une contravention et un délit[186]. De ce fait, l'incertitude demeure concernant l'assurance de l'effectivité des droits dont doivent disposer les mis en cause, et la bonne compréhension des conséquences encourues par ces derniers, en particulier en comparaison de l'objectif de la politique du chiffre imposée aux agents verbalisateurs et la volonté politique de rentabilité.

Pour ces raisons, la possibilité de contestation des faits par le mis en cause s'avère en réalité être largement compromise par le rapport de force à l'avantage des agents verbalisateurs, ce qui fragilise grandement un accès

---

[185] *Ibid.*, p. 22.
[186] V. *infra*.

postérieur au juge, notamment en cas de signature du procès-verbal électronique de la part du mis en cause.

Ces difficultés sont d'autant plus regrettables qu'elles semblent placer l'individu verbalisé en situation de désavantage trop marquée par rapport à l'agent verbalisateur. Les conséquences encourues par l'individu verbalisé étant importantes, il est souhaitable d'assurer une plus grande protection des droits du mis en cause, et cela passe par une amélioration de la procédure lors de la constatation du délit, et ce d'autant plus que, désormais, le mis en cause risque fortement d'être incité à régler immédiatement le montant de l'amende forfaitaire délictuelle dressée, ce qui empêchera une potentielle contestation. De plus, le formalisme de contestation est excessif après réception de l'avis d'infraction.

B. Un formalisme excessif après réception de l'avis d'infraction

Le formalisme de la contestation d'une amende forfaitaire délictuelle est excessif après la réception de l'avis d'infraction, ce qui renforce de manière trop importante les difficultés d'accès au juge. En particulier, les conditions de recevabilité de la contestation sont trop bien lourdes.

Effectivement, « la requête en exonération […] ou la réclamation […] n'est recevable que si elle est adressée par lettre recommandée avec demande d'avis de réception, en utilisant le formulaire joint à l'avis d'amende forfaitaire ou d'amende forfaitaire majorée, et si elle est accompagnée soit d'un document démontrant qu'il a été acquitté une consignation préalable d'un montant égal à celui de l'amende forfaitaire […] ou à celui de l'amende forfaitaire majorée […], soit du récépissé du dépôt de plainte pour le délit d'usurpation d'identité »[187]. De plus, « à peine d'irrecevabilité, la requête [en exonération] [...] présentée doit être motivée »[188]. Ces quatre conditions ne sont pas toutes excessives, mais certaines paraissent malgré tout injustifiées.

L'accès au juge est rendu bien trop difficile par ce formalisme important. L'obstacle principal est l'utilisation obligatoire du formulaire joint à l'avis d'amende forfaitaire ou d'amende forfaitaire majorée. Cette exigence de l'utilisation de ce formulaire ne parait pas absolument nécessaire. Tout d'abord, « à la suite de la constatation du délit, un avis d'infraction, une notice de paiement et un formulaire de requête en exonération, sont envoyés au domicile de l'intéressé par lettre simple »[189]. L'envoi par simple lettre pose parfois quelques problèmes.

Il parait nécessaire de revenir à la version antérieure de la procédure, qui prévoyait que l'avis d'infraction, la notice de paiement et le formulaire de requête en exonération soient envoyés par lettre recommandée[190]. Les craintes de la Défenseure des droits, qui « observe toutefois que l'envoi de l'avis d'AFD en lettre recommandée permettait a minima à l'expéditeur d'être alerté sur l'absence de réception et de le mettre ainsi en mesure d'effectuer des diligences complémentaires pour informer l'usager de cette sanction »[191], sont alors pleinement partagés. Avec un envoi en lettre simple, les risques que le destinataire ne reçoive pas le formulaire

---

[187] Art. 495-20 C. pr. pén.
[188] Art. D45-7 C. pr. pén.
[189] Art. D45-4 al. 1 C. pr. pén.
[190] Le décret n°2021-1093 du 18 août 2021 relatif à la procédure de l'amende forfaitaire délictuelle a modifié cette règle procédurale.
[191] DÉFENSEURE DES DROITS, « Décision-cadre n°2023-030 », *op. cit.*, p. 29.

sont trop importants, alors que ce formulaire constitue « une condition de recevabilité de la contestation »[192].

Pourtant, la Cour européenne des droits de l'homme a déjà eu l'occasion d'affirmer que « si le droit d'exercer un recours est bien entendu soumis à des conditions légales, les tribunaux doivent, en appliquant des règles de procédure, éviter à la fois un excès de formalisme qui porterait atteinte à l'équité de la procédure, et une souplesse excessive qui aboutirait à supprimer les conditions de procédure établies par les lois »[193]. Il convient de rappeler qu'il est impossible d'interjeter appel d'une procédure d'amende forfaitaire délictuelle, et que le seul recours envisageable est la saisie du juge par la voie de la contestation.

En outre, dans sa jurisprudence, la Cour européenne des droits de l'homme a déjà relevé que « le droit à un tribunal, dont le droit d'accès constitue un aspect, n'est pas absolu : il se prête à des limitations implicites, notamment en ce qui concerne les conditions de recevabilité d'un recours. Celles-ci ne peuvent toutefois en restreindre l'exercice d'une manière ou à un point tels qu'ils se trouve atteint dans sa substance même, elles doivent tendre à un but légitime et il doit exister un rapport raisonnable de proportionnalité entre les moyens employés et le but visé »[194]. Sachant cela, ces règles procédurales applicables en matière d'amende forfaitaire délictuelle se trouvent être un cœur de critiques négatives justifiées.

---

192 *Ibid.*, p. 32.

193 CEDH, « Walchli c. France », req. n°35787/03, 26 juillet 2007, §29.

194 Par exemple : CEDH, « Cadène c. France », req. n°12039/08, 8 mars 2012, §25.

Il convient de relever que toutes les précédentes jurisprudences établies par la Cour européenne des droits de l'homme l'ont été concernant la procédure de l'amende forfaitaire en matière contraventionnelle. Actuellement, elle n'a pas encore eu l'occasion de se prononcer sur ces règles procédurales en matière délictuelle. Vraisemblablement, la Cour européenne des droits de l'homme exercera un contrôle encore plus important dans ces cas. D'ailleurs, il est à souhaiter qu'elle se prononce, le plus rapidement possible.

Le formalisme bien trop complexe de contestation d'une procédure d'amende forfaitaire délictuelle entraine un nombre important de requêtes déclarées irrecevables, ce qui empêche de fait l'accès certain au juge. Par conséquent, il semble nécessaire que certaines modifications soient apportées par les pouvoirs politiques pour permettre une meilleure protection des principes directeurs de la matière pénale.

D'autant plus que pour certaines catégories de personnes socialement défavorisées, la possibilité de contestation se trouve être encore davantage entravée que pour les autres.

§2 : Une contestation entravée pour les individus d'un milieu social défavorisé

En supplément des règles procédurales de contestation déjà très lourdes, les individus verbalisés provenant d'un milieu social défavorisé se trouvent être doublement pénalisés, puisque leur situation est un second frein au bon exercice de leurs droits.

Dans cette optique, deux inconvénients peuvent notamment être soulevés. Le premier est l'exigence superflue de consignation d'une somme d'argent avant la contestation (A), et le deuxième est l'impossibilité pour les individus verbalisés d'accéder au bénéfice de l'aide juridictionnelle dans le cadre de cette procédure, ce qui serait souhaitable (B).

A. Une exigence superflue de consignation avant contestation

Une autre condition de recevabilité de la contestation est l'exigence de consignation. Cette condition vaut pour tout justiciable qui souhaite contester la procédure de l'amende forfaitaire délictuelle qui lui a été dressée, ce qui est un premier frein au droit à l'accès au juge. Cependant, force est de constater que ce frein se transforme en une véritable entrave pour certaines catégories d'individus, ceux issus d'un milieu social défavorisé.

Dans le cas de l'exigence de consignation en matière de recours contre une procédure d'amende forfaitaire contraventionnelle, la Cour européenne des droits de l'homme s'est déjà prononcée en considérant que « la réglementation relative aux formes à respecter pour introduire un recours vise certainement à assurer une bonne administration de la justice. Les intéressés doivent s'attendre à ce que ces règles soient appliquées. La Cour estime alors légitime le but poursuivi par cette obligation de consignation : prévenir l'exercice de recours dilatoires et abusifs et éviter l'encombrement excessif du rôle du tribunal de police, dans le domaine de la circulation routière qui concerne l'ensemble de la population et se prête à des contestations fréquentes »[195].

Cette position semble logique en ce qui concerne la procédure en matière contraventionnelle, en raison de la faiblesse des montants de consignation exigés. Toutefois, en matière délictuelle, l'analyse effectuée par la Cour européenne des droits de l'homme pourrait être différente,

---

[195] CEDH, « Thomas c. France », req. n°14279/05, 29 avril 2008, p. 7.

puisque le montant de la consignation est beaucoup plus important, de l'ordre de plusieurs centaines d'euros, voire de plus d'un millier d'euros pour une amende forfaitaire délictuelle majorée.

De plus, comme établi précédemment, tous les délits actuellement visés par la procédure de l'amende forfaitaire délictuelle ne concernent pas l'ensemble de la population et n'engendrent pas tous un contentieux massif. De ce fait, les arguments avancés par la Cour européenne des droits de l'homme ne devraient pas suffire pour justifier la consignation obligatoire en matière d'amende forfaitaire délictuelle.

Sachant cela, les individus en situation de difficultés économiques sont les premiers concernés par ces obstacles à un accès effectif au juge, puisqu'ils auront de grandes difficultés pour régler cette consignation, pourtant essentielle pour un recours effectif.

Il convient toutefois de nuancer la réalité de cette exigence de consignation préalable, puisque certains délits visés par la procédure de l'amende forfaitaire délictuelle par la loi d'orientation et de programmation du ministère de l'Intérieur de janvier 2023 ont été exclus de la condition de recevabilité relative à la consignation préalable[196]. Par ailleurs, le texte de la commission des lois de l'Assemblée nationale concernant cette loi précitée prévoyait une modification de l'article 495-20 du Code de

---

[196] DÉFENSEURE DES DROITS, « Décision-cadre n°2023-030 », *op. cit.*, p. 33.
La Défenseure des droits mentionne 7 catégories de délits exclues de l'exigence de consignation préalable, à savoir : la vente au déballage, les délits de filouterie, la destruction, dégradation, détérioration d'un bien appartenant à autrui, l'intrusion dans un établissement scolaire, les atteintes au fonctionnement des trains, les délits en matière de chien d'attaque et l'entrave à la circulation des véhicules sur une voie publique.

procédure pénale pour restreindre l'exigence de consignation.

Effectivement, cet article était modifié par l'ajout d'une disposition qui prévoyait que « l'auteur de la requête ou de la réclamation est dispensé de la consignation s'il joint à sa requête ou à sa réclamation des éléments justifiant d'un niveau de ressources insuffisant »[197]. Il convient de préciser que l'appréciation de ce niveau de ressources insuffisant aurait été de la compétence du procureur de la République[198]. Finalement, cette disposition n'a pas été retenue dans la loi votée et promulguée. Elle aurait été néanmoins insuffisante, puisque le procureur de la République ne semble pas être en position d'indépendance et d'impartialité suffisante pour juger d'un niveau de ressources insuffisant par lui-même, dénomination au demeurant particulièrement imprécise.

Ce faisant, le droit à un accès au juge semble être atteint de manière trop importante par l'exigence de consignation préalable à tout recours, en particulier pour les individus en situation de difficultés économiques. La restriction de l'exigence de consignation pour certains délits ne suffit pas à résoudre le problème, bien que ce soit une étape notable allant dans le sens d'une meilleure protection des droits des individus verbalisés. Pour tenter de résoudre ces difficultés qui perdurent malgré tout, une solution parait toute trouvée, il s'agit de permettre l'accès au bénéfice de l'aide juridictionnelle pour réaliser un recours en matière de procédure d'amende forfaitaire délictuelle.

---

[197] Texte de la commission des lois n°436 sur le projet de loi d'orientation et de programmation du ministère de l'Intérieur, enregistré à la Présidence de l'Assemblée nationale le 4 novembre 2022, p. 31.
[198] *Ibid.*

B. Une obligation souhaitable de permettre l'accès à l'aide juridictionnelle

Pour tenter d'améliorer l'accès effectif au juge en cas de contestation de la procédure de l'amende forfaitaire délictuelle, le législateur aurait la bonne idée de permettre l'accès à l'aide juridictionnelle aux individus verbalisés ayant des difficultés économiques. Grâce à ce dispositif, « les personnes physiques dont les ressources sont insuffisantes pour faire valoir leurs droits en justice peuvent bénéficier d'une aide juridictionnelle. Cette aide est totale ou partielle »[199].

L'aide juridictionnelle peut d'ores et déjà être accordée aux justiciables lors de différentes phases du procès pénal, qu'ils soient mis en cause ou partie civile. En effet, lors d'une plainte avec constitution de partie devant le doyen des juges d'instruction, « en fonction des ressources de la partie civile, [le doyen des juges d'instruction] fixe le montant de la consignation que celle-ci doit, si elle n'a obtenu l'aide juridictionnelle, déposer au greffe [...] Il peut dispenser de consignation la partie civile »[200]. Ou encore, lors d'une citation directe effectuée par la partie civile devant le tribunal correctionnel, « lorsque l'action de la partie civile n'est pas jointe à celle du ministère public, le tribunal correctionnel fixe, en fonction des ressources de la partie civile, le montant de la consignation que celle-ci doit, si elle n'a pas obtenu l'aide juridictionnelle, déposer au greffe et le délai dans lequel elle devra être faite sous peine de non-recevabilité de la citation directe »[201]. En outre, lors d'une audition libre devant les enquêteurs, la personne mise en cause est

---

[199] Art. 2 de la loi n°91-647 du 10 juillet 1991 relative à l'aide juridique.

[200] Art. 88 C. pr. pén.

[201] Art. 392-1 al. 1 C. pr. pén.

informée de son droit d'être assistée par un avocat et « que les frais seront à sa charge sauf si elle remplit les conditions d'accès à l'aide juridictionnelle »[202]. Un dernier exemple peut être donné, cette fois concernant la première comparution d'un mis en cause devant le juge d'instruction, puisque « le procès-verbal [...] indique que la personne [...] a été informée que les frais resteront à sa charge, sauf si elle remplit les conditions d'obtention de l'aide juridictionnelle »[203]. Ces exemples démontrent bien les différentes possibilités de bénéficier de l'aide juridictionnelle, ce qui peut également être le cas pour aider à rémunérer l'assistance d'un avocat en matière délictuelle devant le tribunal correctionnel notamment.

Dès lors, l'aide juridictionnelle peut être accordée lors de différentes phases du procès pénal, que ce soit au bénéfice de la partie civile ou bien du mis en cause. Dans ce cas, connaissant les conséquences encourues par les individus verbalisés par la procédure de l'amende forfaitaire délictuelle, pour quelles raisons en sont-ils exclus ?

Certes, en raison de la rapidité de cette procédure, il parait difficile de solliciter l'aide juridictionnelle auprès du tribunal, puisque cette demande prend au minimum quelques semaines, selon les juridictions, avant d'être accordée ou refusée. Néanmoins, les délais de contestation de cette procédure étant très courts, et l'exigence de consignation particulièrement contraignante, il conviendrait pourtant d'en autoriser le bénéfice pour les individus en situation économique délicate.

---

[202] Art. 61-1 al. 5 C. pr. pén.

[203] Art. D32-1 C. pr. pén.

Dans sa jurisprudence, la Cour européenne des droits de l'homme a eu l'occasion d'estimer que « la fixation d'une somme [de consignation] aussi élevée par le doyen des juges d'instruction était disproportionnée étant donné l'absence totale de ressources financières [du requérant] [...] Exiger du requérant le versement d'une somme aussi importante revenait en pratique à le priver de son recours devant le juge d'instruction »[204]. En matière d'amende forfaitaire délictuelle, le montant de la consignation est fixe et identique au montant de l'amende encourue, elle ne peut pas être modulée. Ce faisant, ce principe édicté par la Cour européenne des droits de l'homme pourrait trouver à s'appliquer également pour la procédure de l'amende forfaitaire délictuelle, afin de ne pas priver l'individu verbalisé en situation économique difficile d'un recours devant le juge.

En outre, en droit interne, le Conseil constitutionnel a très récemment étendu le bénéfice de l'aide juridictionnelle pour les étrangers dans tous les cas de figure qui ne leur étaient pas accordés jusqu'à présent, en disposant qu' « en privant dans tous les autres cas les étrangers ne résidant pas régulièrement en France du bénéfice de l'aide juridictionnelle pour faire valoir en justice les droits que la loi leur reconnaît, les dispositions contestées n'assurent pas à ces derniers des garanties égales à celles dont disposent les autres justiciables »[205]. Certes, les étrangers bénéficiaient d'ores et déjà de l'accès à l'aide juridictionnelle lorsqu'ils étaient l'une des parties dans un procès pénal, que ce soit en tant que mis en cause ou victime.

---

[204] CEDH, « Aït-Mouhoub c. France », req. n°22924/93, 28 octobre 1998, §57.

[205] Cons. const., n°2024-1091/1092/1093 QPC du 28 mai 2024, M. Diabe S. et autres, §14.

Néanmoins, l'argument donné par le Conseil constitutionnel, à savoir celui de leur assurer des garanties égales à celles dont disposent les autres justiciables, est intéressant. Dans ce cas, comment pourrait-on expliquer ne pas accorder le bénéfice de l'aide juridictionnelle à tous les délinquants, ce dont les individus verbalisés par la procédure de l'amende forfaitaire délictuelle font partie ? Dans une procédure pénale classique, les mis en cause peuvent bénéficier de l'aide juridictionnelle, alors dans le cadre d'une procédure d'amende forfaitaire délictuelle ce devrait également être le cas, puisqu'une sanction effective est prononcée et le délit sera inscrit au casier judiciaire, ce qui est loin d'être négligeable[206].

L'accès au juge est donc rendu très compliqué par certaines règles procédurales en vigueur. Il s'agit là d'un véritable souhait du législateur, dans le but d'empêcher un engorgement des juridictions par des recours en nombre, ce qui est d'ailleurs l'objectif principal de cette procédure de l'amende forfaitaire délictuelle. Néanmoins, quelques corrections mériteraient d'être envisagées dans un souci d'égalité devant la justice. Ces corrections pourraient concerner avant tout la protection des individus économiquement défavorisés, avec pour ce faire, la poursuite des dispenses de consignation en cas de contestation, ou encore la possibilité d'accorder le bénéfice de l'aide juridictionnelle pour la contestation.

D'autres difficultés procédurales existent en supplément, elles concernent le respect insuffisant du principe du procès équitable dans cette procédure.

---

[206] Par exemple : TA Montreuil, n°2215754, 5 février 2024, §2. Le requérant s'est vu refuser la délivrance d'une carte professionnelle d'agent de sécurité « au motif que l'intéressé s'est vu infliger une amende forfaitaire délictuelle pour circulation avec un véhicule terrestre à moteur sans assurance, comportement qui révèle un comportement contraire au devoir de probité ».

Section 2 : Des difficultés procédurales de respect du procès équitable

La procédure de l'amende forfaitaire délictuelle, par sa nature, porte une certaine atteinte au principe du procès équitable. Une nouvelle fois, en raison des conséquences encourues par l'individu verbalisé par le moyen de cette procédure, différentes modifications sont souhaitables pour assurer une meilleure protection des droits.

Cette procédure s'avère être en réalité un procès non équitable marqué par le manque de certains droits de la défense (§1), et par le défaut d'indépendance réelle des agents verbalisateurs (§2).

§1 : Un procès non équitable marqué par le manque de droits de la défense

Les droits de la défense des individus verbalisés sont restreints lors de l'application de la procédure de l'amende forfaitaire délictuelle. Bien que le consentement des individus verbalisés soit normalement nécessaire pour l'utilisation de cette procédure, il s'avère que dans les faits tout n'est malheureusement pas aussi simple et évident.

Deux manques importants pour assurer une protection des droits sont à relever. Il s'agit de l'absence regrettable de l'assistance d'un avocat lors de la verbalisation du délinquant (A), ainsi que l'absence d'influence réelle du droit de garder le silence ou de faire des déclarations (B).

A. L'absence regrettable de l'assistance d'un avocat

Le droit à l'assistance d'un avocat en matière pénale peut légitimement être considéré comme l'un des droits de la défense les plus importants, et donc qu'il convient de protéger de manière concrète et effective.

Ce droit est notamment prévu par le droit conventionnel, puisque tout accusé a droit notamment à […] disposer du temps et des facilités nécessaires à la préparation de sa défense [et] se défendre lui-même ou avoir l'assistance d'un défenseur de son choix »[207].

Or, dans le cadre de la procédure de l'amende forfaitaire délictuelle, force est de constater que l'avocat est aux abonnés absents lors de la constatation du délit par l'agent verbalisateur. De ce fait, l'individu verbalisé est incité à apposer sa signature sur le procès-verbal électronique, et désormais, à régler immédiatement le montant de l'amende forfaitaire délictuelle, avec toutes les conséquences déjà évoquées, sans qu'il ne puisse avoir recours aux conseils d'un avocat. Pour rappel, en réglant le montant de l'amende forfaitaire délictuelle, l'individu verbalisé se transforme officiellement en un délinquant condamné avec mention à son casier judiciaire.

Dès lors, le mis en cause se trouve dans une situation de particulière vulnérabilité, avec un rapport de force à l'avantage de l'agent verbalisateur. Ce faisant, ses droits de la défense ne sont pas respectés comme ils devraient l'être. Cette procédure peut alors difficilement être considérée comme un des modèles d'un procès pénal accéléré, mais davantage comme un ersatz de procès pénal, dans lequel le mis en cause ne dispose pas de tous les droits qui devraient lui être accordés.

De son côté, la jurisprudence a eu l'occasion de poser quelques principes en matière d'assistance de l'avocat en matière pénale. Notamment, la Cour européenne des droits de l'homme a affirmé que « le droit de tout accusé à être effectivement défendu par un avocat, au besoin commis

---

[207] Art. 6 al. 3.b et 3.c de la Convention européenne de sauvegarde des droits de l'homme et des libertés fondamentales.

d'office, figure parmi les éléments fondamentaux du procès équitable »[208].

Concernant plus particulièrement la procédure de l'amende forfaitaire délictuelle, le Conseil d'État a relevé, à propos des mineurs, que « l'amende forfaitaire délictuelle constitue une alternative au jugement par un tribunal. Le mineur est juridiquement condamné mais n'a pas comparu pour être jugé puisqu'il est regardé comme ayant reconnu les faits et accepté la sanction. Cette reconnaissance de culpabilité intervient hors la présence d'un avocat ou même des représentants légaux »[209]. Dans cet avis, le Conseil d'État déplore donc l'absence de l'intervention d'un avocat spécifiquement pour les mineurs, mais cette absence peut également être déplorée pour les majeurs.

En outre, une loi récente, issue d'une transposition des exigences européennes, qui entrera en vigueur le 1 juillet 2024, est venue renforcer les droits des mis en cause en matière pénale, notamment celui de l'assistance de l'avocat en garde à vue[210]. Dès lors, il parait totalement concevable pour le législateur d'envisager la possibilité de l'intervention d'un avocat avant le paiement de l'amende forfaitaire délictuelle, dans un souci de cohérence du renforcement du droit à un avocat en matière délictuelle, et ce même si « dans le cadre de l'amende forfaitaire [...], l'absence de l'avocat est la conséquence logique de l'évitement de l'audience et du contradictoire dans ces

---

[208] CEDH, « Poitrimol c. France », req. n°14032/88, 23 novembre 1993, §34.

[209] CE, Avis sur un projet de loi d'orientation et de programmation du ministère de l'Intérieur précité, §41.

[210] V. Art. 32 à 34 de la loi n°2024-364 du 22 avril 2024 portant diverses dispositions d'adaptation au droit de l'Union européenne en matière d'économie, de finances, de transition écologique, de droit pénal, de droit social et en matière agricole.

procédures »[211]. Cette conséquence logique relevée l'était sans doute en matière contraventionnelle, mais elle est bien moins logique en matière délictuelle.

Actuellement, un mis en cause placé en garde à vue dispose de bien plus de droits effectifs qu'un mis en cause verbalisé par la procédure de l'amende forfaitaire délictuelle. Ce fait semble être contradictoire avec les objectifs de cette procédure rapide. En effet, bien que l'assistance d'un avocat soit théoriquement possible en cas de recours contre la procédure de l'amende forfaitaire délictuelle, les conditions de recevabilité sont telles que cette assistance doit être réalisée antérieurement, pour assurer la garantie des droits aux mis en cause.

Par conséquent, il est à espérer une action future du législateur allant dans le sens de la garantie d'une possible assistance de l'avocat dans cette procédure spécifique. Dans les faits, l'agent verbalisateur pourrait notifier de manière écrite au mis en cause son droit de contacter un avocat, s'il le souhaite, avant de régler le montant de son amende forfaitaire délictuelle. Mais cette absence du droit à l'assistance d'un avocat n'est pas la seule à être regrettée, il en va de même pour l'absence de notification du droit de garder le silence ou de faire des déclarations.

B. L'absence d'influence du droit de garder le silence ou de faire des déclarations

Le droit de garder le silence, autrement nommé le droit de se taire, ou à l'opposé le droit de faire des déclarations sont des droits au bénéfice des mis en cause en matière pénale.

---

[211] VIENNOT C., *Le procès pénal accéléré : étude des transformations du procès pénal*, *op. cit.*, p. 432.

Ce droit trouve sa source à l'article 9 de la Déclaration des droits de l'homme et du citoyen de 1789[212]. Il est donc un corollaire de la présomption d'innocence. Le Conseil constitutionnel a effectivement reconnu une valeur constitutionnelle à ce droit, en arguant qu'il résulte de la présomption d'innocence « le principe selon lequel nul n'est tenu de s'accuser, dont découle le droit de se taire »[213].

Ce droit est également protégé par la jurisprudence de la Cour européenne des droits de l'homme. Bien qu'il ne soit pas expressément prévu par la Convention européenne de sauvegarde des droits de l'homme et des libertés fondamentales, il ressort notamment de la jurisprudence que « les particularités du droit douanier [...] ne sauraient justifier une telle atteinte au droit, pour tout "accusé" au sens autonome que l'article 6 attribue à ce terme, de se taire et de ne point contribuer à sa propre incrimination »[214].

Depuis ces différentes jurisprudences, ce droit important en matière pénale bénéficie d'une double protection à la fois constitutionnelle et conventionnelle.

Néanmoins, au cours d'une procédure d'amende forfaitaire délictuelle, ce droit n'est à aucun moment notifié au mis en cause, alors qu'il est bien notifié au cours de différentes phases du procès pénal classique[215].

---

[212] Cet article dispose que « tout homme étant présumé innocent jusqu'à ce qu'il ait été déclaré coupable, s'il est jugé indispensable de l'arrêter, toute rigueur qui ne serait pas nécessaire pour s'assurer de sa personne doit être sévèrement réprimée par la loi ».

[213] Cons. const., n°2016-594 QPC du 4 novembre 2016, Mme Sylvie T., §5.

[214] CEDH, « Funke c. France », req. n°10588/83, 25 février 1993, §44.

[215] V. notamment art. 61-1 4°, 63-1 3° al. 7, 393 al. 4 et 803-6 2° C. pr. pén.

Dans un premier temps, cette absence de notification de ce droit peut paraitre logique, étant donné que la procédure de l'amende forfaitaire délictuelle est une procédure normalement sans audience, et applicable pour des délits simples à caractériser par les agents verbalisateurs. De ce fait, aucune influence quelconque ne devrait advenir en raison des éventuelles déclarations des mis en cause verbalisés.

Mais dans un second temps, tout n'est peut-être pas aussi simple et mécanique que cela. En effet, en gardant à l'esprit que les mis en cause disposent de la faculté de contester la procédure de l'amende forfaitaire délictuelle dressée, il reste une possibilité que la procédure atterrisse entre les mains du ministère public, qui décidera des suites à donner en cas de recevabilité de la contestation. En particulier, le ministère public dispose de la prérogative de l'opportunité des poursuites, et peut ordonner que le mis en cause fasse l'objet d'une procédure simplifiée ou encore d'un renvoi devant la juridiction de jugement classique[216].

Lors de son jugement par la juridiction classique, le mis en cause sera alors notifié de son droit de se taire ou de faire des déclarations. Cependant, il aura très bien pu s'auto-incriminer auparavant, lors de la constatation des faits par l'agent verbalisateur, ce qui équivaut à une enquête en la matière. Ses propos pourraient alors être retenus contre lui.

Ce faisant, afin de garantir l'effectivité du droit à la présomption d'innocence, il conviendrait de notifier l'individu verbalisé de son droit de garder le silence, ce qui d'ailleurs pourrait en plus lui faire comprendre l'importance de cette procédure.

---

[216] En application de l'art. 495-21 al. 1 C. pr. pén.

Ces absences procédurales d'importance lors de la constatation des faits par l'agent verbalisateur et lors de la verbalisation du délinquant ne peuvent qu'être regrettées, dans la mesure où les conséquences entrainées par la signature du procès-verbal d'infraction et le paiement immédiat du montant de l'amende forfaitaire délictuelle dressée sont très importantes, avec une impossibilité postérieure de contester cette procédure, ou encore l'inscription d'office du délit au casier judiciaire du délinquant. Pour assurer un meilleur respect des droits de la défense, le législateur se doit d'être dans l'obligation de légiférer pour permettre l'assistance d'un avocat ainsi que la notification du droit de garder le silence.

De plus, cette procédure spécifique est également marquée par le pouvoir considérable des agents verbalisateurs, qui vient restreindre encore plus le respect du procès équitable.

§2 : Un procès non équitable marqué par le pouvoir considérable des agents verbalisateurs

Les agents verbalisateurs ne sont en réalité pas suffisamment indépendants lorsqu'ils dressent une amende forfaitaire délictuelle à un délinquant. Malgré leur mission prévue par la loi qui est celle de réaliser les enquêtes et de relever les preuves, cette procédure entraine une confusion importante entre leur mission et celle des magistrats, ce qui leur procure un pouvoir trop important.

En effet, les agents verbalisateurs sont à la fois enquêteurs et juges dans le cadre de cette procédure (A), et sans réelle supervision du ministère public (B), même si le Conseil constitutionnel semble s'en contenter.

A. Des agents verbalisateurs à la fois enquêteurs et juges

La procédure de l'amende forfaitaire est particulièrement singulière à plus d'un titre, et notamment en ce qui concerne la fusion de la fonction d'enquête avec celle du jugement.

Pourtant, la fonction attribuée à la police judiciaire, à laquelle appartiennent les agents verbalisateurs, parait claire et ne souffrir d'aucune ambiguïté, puisqu' « elle est chargée [...] de constater les infractions à la loi pénale, d'en rassembler les preuves et d'en rechercher les auteurs tant qu'une information n'est pas ouverte »[217]. De ce fait, la procédure de l'amende forfaitaire est dérogatoire de ces principes, dans la mesure où l'agent verbalisateur est amené à infliger une sanction pécuniaire, en plus de constater, et parfois d'interpréter[218], les éléments constitutifs du délit. Dès lors, le manque d'indépendance des agents verbalisateurs est criant.

Théoriquement, en matière de police judiciaire, les forces de l'ordre ne devraient pas avoir à juger de la culpabilité ou non d'un individu, mais simplement d'enquêter et d'apporter des éléments de preuve. La fonction de juger doit revenir aux magistrats, surtout en matière délictuelle.

Cette difficulté a de plus été relevée par la Défenseure des droits, qui a observé à juste titre qu' « un transfert de pouvoirs à l'agent verbalisateur est opéré au détriment de l'autorité judiciaire et des garanties qui y étaient assorties »[219].

---

[217] Art. 14 al. 1 C. pr. pén.

[218] V. *supra*.

[219] DÉFENSEURE DES DROITS, « Décision-cadre n°2023-030 », *op. cit.*, p. 17.

La procédure de l'amende forfaitaire délictuelle ne peut alors pas être qualifiée de procédure équitable entre les parties, étant donné que l'agent verbalisateur possède une double casquette et dispose de pouvoirs conséquents. D'ailleurs, comme analysé précédemment, ces règles procédurales applicables au mécanisme de l'amende forfaitaire délictuelle privent l'individu verbalisé de droits fondamentaux relatifs à la matière pénale, tels que le respect du contradictoire, l'assistance d'un avocat ou encore la notification du droit de se taire.

Ce faisant, alors que les agents verbalisateurs se voient confier la fonction de constat, d'interprétation et de juge, ils agissent en réalité sans supervision suffisante du ministère public, ce qui laisse cours à certains inconvénients.

B. Des agents verbalisateurs sans réelle supervision du ministère public

Les difficultés relatives à la fusion de la fonction d'enquête et de juge dans le cadre de la procédure de l'amende forfaitaire délictuelle sont renforcées par la supervision insuffisante des agents verbalisateurs par le ministère public. Il apparait en effet que la séparation de ces pouvoirs n'est pas suffisamment garantie.

Pour rappel, il est vrai que le Conseil constitutionnel s'est déjà prononcé à ce sujet, en établissant que « l'agent qui établit l'amende forfaitaire agit, en vertu des articles 12[220] et 39-3[221] du Code de procédure pénale, sous la

[220] Art. 12 C. pr. pén. dispose que « la police judiciaire est exercée, sous la direction du procureur de la République, par les officiers, fonctionnaires et agents désignés au présent titre ».
[221] Art. 39-3 C. pr. pén. dispose que « dans le cadre de ses attributions de direction de la police judiciaire, le procureur de la République peut adresser des instructions générales ou particulières aux enquêteurs. Il contrôle la légalité des moyens mis en œuvre par ces derniers, la

direction du procureur de la République et conformément aux instructions générales ou particulières qu'il lui délivre. Dès lors, le grief tiré de la méconnaissance du principe de séparation des pouvoirs doit être écarté »[222].

Toutefois, force est de constater que le contrôle du procureur de la République sur les amendes forfaitaires délictuelles dressées ne peut pas être suffisamment effectif et qualitatif, en particulier si une éventuelle contestation est jugée irrecevable, et encore plus si l'individu verbalisé ne conteste pas cette procédure. Qui plus est, ce n'est pas le procureur de la République territorialement compétent qui reçoit les recours en exonération ou en réclamation contre la procédure d'amende forfaitaire délictuelle, mais le procureur de la République du tribunal judiciaire de Rennes. Ce dernier reçoit les contestations émanant de tout le territoire national, et apprécie leur recevabilité[223].

Dès lors, le parquet territorialement compétent n'est pas souvent informé des procédures d'amende forfaitaire délictuelle en cours. Il le sera uniquement si la contestation adressée au procureur de la République du tribunal judiciaire de Rennes est déclarée recevable ou si la contestation déclarée irrecevable fait l'objet d'un recours sur l'irrecevabilité[224]. En rappelant, comme évoqué précédemment, que le taux de contestation des amendes forfaitaires délictuelles en matière de stupéfiants était de 2,1 % entre septembre 2021 et juillet 2022, il

---

proportionnalité des actes d'investigation au regard de la nature et de la gravité des faits, l'orientation donnée à l'enquête ainsi que la qualité de celle-ci. Il veille à ce que les investigations tendent à la manifestation de la vérité et qu'elles soient accomplies à charge et à décharge, dans le respect des droits de la victime, du plaignant et de la personne suspectée ».

222 Cons. const., n°2019-778 DC du 21 mars 2019 précité, §249.

223 Art. D45-16 C. pr. pén.

224 *Ibid.*

s'avère en réalité que le contrôle du ministère public était pratiquement inexistant sur les amendes forfaitaires délictuelles dressées.

Pour tenter d'améliorer la situation et assurer une meilleure protection des droits, la recommandation de la Défenseure des droits prévoyant « que les parquets échangent régulièrement avec les services de police et gendarmerie placés sous leur autorité sur la mise en œuvre de leurs instructions en matière de recours à la procédure de l'AFD »[225] se doit d'être partagée. Il convient de la préciser, en sollicitant un accès direct aux procédures d'amende forfaitaire délictuelle en faveur des procureurs de la République du tribunal judiciaire territorialement compétent. En effet, puisqu'il est établi que chaque parquet exerce un certain pouvoir de politique pénale en la matière, en déclinant cette procédure comme il le souhaite au sein du territoire de son ressort, il parait étrange que les contestations soient centralisées à Rennes, alors que chaque juridiction emploie des règles de politique pénale différentes.

En outre, le procureur de la République de Rennes reconnait lui-même quelques problèmes pour le contrôle de la régularité de cette procédure, puisque le parquet de Rennes ne dispose que d'un « délai de 96 heures pour exercer un contrôle de la qualité judiciaire du procès-verbal »[226], alors qu'en février 2022, « les services du parquet [...] se composaient de quatre magistrats du tribunal judiciaire de Rennes – qui ont d'autres attributions – cinq contrôleurs qualité et au moins trois greffiers pour

---

[225] DÉFENSEURE DES DROITS, « Décision-cadre n°2023-030 », *op. cit.*, p. 24.
[226] *Ibid.*

traiter l'ensemble des AFD émises chaque année depuis la mise en application du dispositif »[227].

En conséquence, les agents verbalisateurs disposent d'un pouvoir très important en matière de répression des individus verbalisés par l'utilisation de cette procédure. Ce pouvoir n'est que très peu contrôlé par l'autorité judiciaire. Alors que les conséquences sur les délinquants sont importantes, ce manque de contrôle est à regretter, et une amélioration de la procédure sur cet aspect se doit d'être étudiée.

De manière très visible, la procédure de l'amende forfaitaire délictuelle est donc particulièrement attentatoire à certains principes directeurs de la matière pénale. Même s'il est admis que la nature même de cette procédure oblige à certaines concessions dans un souci de rapidité et d'efficacité, force est de constater que certaines protections juridiques des individus verbalisés manquent. Ces difficultés sont de plusieurs ordres, mais elles concernent en particulier des restrictions trop importantes d'accès au juge et de respect du principe du procès équitable.

Toutes les difficultés soulevées et analysées ne sont toutefois pas irréparables, puisque le législateur pourrait œuvrer, dans le futur, à assurer un renforcement procédural des droits des individus verbalisés, notamment en permettant l'accès à l'aide juridictionnelle aux individus ayant une situation économique compliquée, ou encore en garantissant l'assistance d'un avocat avant de signer le procès-verbal ou de régler directement le montant de l'amende forfaitaire délictuelle. En tout état de cause, certaines règles procédurales actuelles du mécanisme de l'amende forfaitaire délictuelle doivent être modifiées.

---

[227] *Ibid.*

En outre, en plus d'être attentatoire à certains principes directeurs de la matière pénale, cette procédure est également attentatoire au particularisme de la matière délictuelle.

Chapitre 2 : Une procédure attentatoire au particularisme de la matière délictuelle

La procédure de l'amende forfaitaire délictuelle, en ce qu'elle ressemble de manière très importante à la procédure applicable à l'amende forfaitaire contraventionnelle, ne permet pas de distinguer les différences entre une contravention et un délit. Il s'agit d'un point véritablement dommageable, à la fois pour les principes essentiels de classification des infractions, mais aussi pour les individus verbalisés, lesquels sont induits en erreur sur la gravité de l'infraction reprochée.

Les règles procédurales de l'amende forfaitaire délictuelle ont été transposées par le législateur à partir du modèle de la procédure de l'amende forfaitaire contraventionnelle, sans réelle prise en considération de l'importance de cette démarche, et sans que cela n'inquiète. Cette transposition de la procédure en matière contraventionnelle vers la matière délictuelle est critiquable (Section 1), mais elle n'est pas rédhibitoire, puisqu'il demeure encore possible de la perfectionner, de l'améliorer et de l'amender (Section 2).

Section 1 : Une transposition critiquable de la procédure en matière contraventionnelle

Cette transposition de la procédure applicable en matière contraventionnelle effectuée par le législateur lors de la création de l'amende forfaitaire délictuelle se traduit par l'existence de plusieurs sources de préoccupations.

Les règles procédurales actuellement applicables ne permettent pas de prendre en considération la tripartition classique des infractions en matière pénale (§1), pas plus que certains principes applicables en matière délictuelle qui ne le sont pas en matière contraventionnelle (§2).

§1 : La non prise en considération de la tripartition des infractions

La tripartition des infractions désigne la classification en trois catégories des infractions en matière pénale, qui sont les contraventions, les délits et les crimes, suivant leur gravité[228]. La rigidité de cette tripartition des infractions parait toutefois devoir être reconsidérée en raison de la flexibilité et l'élasticité de la procédure de l'amende forfaitaire, qui concerne donc désormais autant des contraventions que des délits.

De ce fait, cette procédure provoque une altération des frontières entre les contraventions et les délits (A), si bien qu'il est concevable de se demander si l'extension de cette procédure n'a pas en réalité entrainé la création officieuse d'une nouvelle catégorie d'infractions (B).

A. Les frontières entre les catégories d'infractions fissurées par l'action du législateur

La classification des infractions pénales en trois catégories distinctes est un des principes généraux de la matière pénale les plus importants. Pour preuve, l'article 111-1 du Code pénal qui prévoit cette classification officielle est le tout premier article de ce code, situé dans un chapitre clairement nommé « des principes généraux ». De plus, cet article est en application depuis l'entrée en vigueur du Code pénal en 1994, et n'a subi aucune modification depuis, tout comme les autres articles relatifs

---

[228] Art. 111-1 C. pén.

aux principes généraux, ce qui semble démontrer un ancrage profond et une absence de remise en cause de ces principes généraux.

De manière plus précise, cette classification officielle se base sur la gravité d'une infraction, dénomination qui n'est par ailleurs pas définie par cet article, mais qui s'assimile à la peine principale encourue en cas de commission de cette infraction[229].

Il convient de préciser qu'il existe d'autres classifications officieuses des infractions pénales, telles qu'une classification des infractions sur le fondement de leur élément matériel, de leur élément moral ou encore parfois sur le fondement d'une nature particulière de l'infraction[230]. Cependant, la classification retenue sera la classification officielle, dans un souci de clarté et de sécurité, puisqu'il s'agit de celle applicable dans le droit positif.

Les critères de délimitation de ces infractions sont codifiés de manière claire. Un crime est une infraction dont « la durée de la réclusion criminelle ou de la détention criminelle à temps est de dix ans au moins »[231]. De son côté, un délit est une infraction « que la loi punit d'une peine d'emprisonnement ou d'une peine d'amende supérieure ou égale à 3 750 euros »[232], en précisant que l'échelle des peines d'emprisonnement correctionnelles est comprise entre 2 mois d'emprisonnement et dix ans

---

[229] BEAUSSONIE G., « Infraction », *Répertoire de droit pénal et de procédure pénale*, Dalloz, juillet 2021, §195 La classification officielle – Premier article du Code pénal.

[230] ROETS D., « Art. 111-1 – Fasc. 20 : Classifications des infractions », *JurisClasseur Pénal Code*, Lexis, 15 avril 2010, mise à jour 26 mai 2023, §3.

[231] Art. 131-1 al. 6 C. pén.

[232] Art. 381 al. 2 C. pr. pén.

d'emprisonnement au plus[233]. Enfin, une contravention est une infraction « que la loi punit d'une amende n'excédant pas 3 000 euros »[234]. Ces différents critères liés à la peine principale encourue semblent dès lors parfaitement explicites et ne souffrir d'aucune contestation.

Pourtant, la procédure de l'amende forfaitaire délictuelle entrain une reconsidération de cette classification historique. Certes, les crimes ne sont pas visés par cette procédure, donc l'intégralité de cette classification n'est pas remise en cause. Mais il apparait que la distinction entre les délits et les contraventions n'est plus aussi rigoureuse que tel établi par la loi.

Plusieurs indices laissaient d'ores et déjà penser que cette classification n'était pas d'une rigidité extrême. Par exemple, pour certaines contraventions de cinquième classe spécifiquement visées, « la loi prévoit que la récidive de la contravention constitue un délit »[235]. En outre, la distinction entre les délits et les crimes se trouve être affaiblie par la pratique de la correctionnalisation judiciaire, qui consiste à requalifier un crime en délit pour le faire juger par le tribunal correctionnel plutôt que par une cour d'assises. Ou encore, certaines alternatives aux poursuites peuvent être envisagées tant pour des contraventions que pour des délits[236].

---

[233] Art. 131-4 C. pén.

[234] Art. 131-13 al. 1 C. pén.

À titre d'information, il existe 5 classes de contraventions différentes, avec un montant d'amende encourue croissant pour chaque classe. Les contraventions de première classe sont réprimés d'une amende de 38 euros maximum, alors que les contraventions de cinquième classe sont réprimés d'une amende de 1 500 euros, qui peut être doublée en cas de récidive.

[235] Art. 131-13 5° C. pén.

[236] V. notamment en ce sens art. 41-1 à 41-3 C. pr. pén.

La procédure de l'amende forfaitaire délictuelle est venue renforcer la remise en question de l'intransigeance de cette classification officielle. En effet, comme analysé auparavant, cette procédure a été étendue à la matière délictuelle par l'action du Parlement, avec une rapidité assez déconcertante, dans le relatif secret de la commission des lois, et ce sans soulever d'interrogations de la part des oppositions[237].

Dès lors, en réprimant à la fois des contraventions et des délits par la procédure de l'amende forfaitaire, avec des montants certes un peu plus élevés en matière délictuelle, mais sans que la différence ne soit très marquée, le législateur ne semble pas tenir compte de la distinction historique entre ces catégories d'infractions, si bien qu'il est possible de se demander si l'extension de la procédure de l'amende forfaitaire n'aurait pas entrainé la création d'une nouvelle catégorie d'infractions, située entre les contraventions et les délits.

B. La création d'une nouvelle catégorie d'infractions ?

L'affaiblissement des frontières permettant de distinguer les délits des contraventions, causé par la procédure de l'amende forfaitaire, est tel qu'une nouvelle catégorie d'infractions pourrait bien avoir été créée par l'action du législateur.

En effet, « entre infractions de catégories distinctes [...] doit s'établir un rapport hiérarchique : un délit est plus sévèrement puni qu'une contravention et doit donc correspondre à un comportement plus grave ; à l'inverse,

[237] V. *supra*.

moins sévèrement puni qu'un crime, il doit correspondre à un comportement moins grave »[238].

Or, force est de constater que les infractions visées par la procédure de l'amende forfaitaire ne semblent pas entretenir de rapport hiérarchique évident entre elles. Au contraire, elles paraissent être regroupées dans une nouvelle catégorie bien particulière, une catégorie dont les infractions sont davantage sanctionnées par les forces de police que par les magistrats[239].

Cette nouvelle catégorie d'infractions rassemble donc les contraventions et les délits visés par la procédure de l'amende forfaitaire, dont l'extension se poursuit encore et toujours[240]. Il ne semble pas exagéré de suggérer que les délits visés par cette procédure ne peuvent plus être considérés comme des délits à part entière, même s'il demeure possible de les sanctionner par un procès pénal classique en matière délictuelle.

En particulier, la répression importante de l'usage de stupéfiants par l'amende forfaitaire délictuelle amène à déduire que cette infraction est sortie du champ délictuel, puisqu'elle est en majorité sanctionnée par une amende de 200 euros, montant situé dans les contraventions de troisième classe. Pour autant, la répression de cette infraction peut également se faire par une enquête classique, avec une mesure de garde à vue, et une réponse pénale ordonnée par le ministère public, ce qui fait qu'elle

---

[238] ALIX J. et DARSONVILLE A., *Gravité et droit pénal*, *op. cit.*, p. 119.

[239] V. les statistiques précédemment données concernant le nombre d'utilisations de la procédure de l'amende forfaitaire délictuelle.

[240] Le décret n°2024-528 du 10 juin 2024 portant diverses dispositions en matière de sécurité et de circulation routières est notamment venu, une nouvelle fois, ajouter des contraventions à la liste de celles réprimées par la procédure de l'amende forfaitaire, et prévues par l'art. R48-1 C. pr. pén.

ne peut pas être considérée comme une contravention à part entière. Il en va de même pour les infractions routières sanctionnées par la procédure de l'amende forfaitaire.

Effectivement, dans ces cas, comment différencier une contravention routière d'un délit routier, puisque le montant de l'amende infligée n'est qu'à peine supérieur en matière délictuelle ? Les individus verbalisés ne peuvent pas faire la différence.

En outre, l'échelle des peines initialement encourues a été particulièrement dénaturée par la procédure de l'amende forfaitaire délictuelle. Il convient en effet de relever que le montant de l'amende forfaitaire délictuelle n'est pas toujours proportionnel avec la peine délictuelle classique encourue.

Par exemple, le délit d'outrage sexiste aggravé[241] et le délit de filouteries[242] sont réprimés par une amende forfaitaire délictuelle d'un montant de 300 euros, alors que le premier délit est puni de 3 750 euros d'amende et le deuxième de 6 mois d'emprisonnement et 7 500 euros d'amende.

Un autre exemple encore plus marquant concerne le délit d'introduction, de détention ou d'usage de fusées ou artifices dans une enceinte sportive[243], réprimé par une amende forfaitaire délictuelle de 500 euros, soit le même montant que le délit de vente à la sauvette avec voies de fait ou menaces ou en réunion[244], que le délit d'intrusion dans l'enceinte d'un établissement scolaire dans le but de troubler la tranquillité ou le bon ordre de

---

241 Art. 222-33-1-1 C. pén.
242 Art. 313-5 C. pén.
243 Art. L332-8 C. sport.
244 Art. 446-2 C. pén.

l'établissement[245], ou encore que le délit d'exercice illégal de l'activité d'exploitant de taxi[246], alors que le premier délit est puni de 3 ans d'emprisonnement et 15 000 euros d'amende, et que les trois autres délits sont punis d'un an d'emprisonnement et 15 000 euros d'amende.

Ce faisant, le critère retenu par le législateur pour déterminer le montant de l'amende forfaitaire délictuelle encourue pour chaque délit ne semble pas être corrélé avec la peine délictuelle encourue de manière classique. De plus, le montant de ces amendes forfaitaires est de l'ordre des montants encourus en matière contraventionnelle. Dès lors, il parait impossible d'affirmer avec certitude que toutes les différences entre les contraventions et les délits sont conservées depuis l'instauration de la procédure de l'amende forfaitaire délictuelle. Ces infractions sont majoritairement sanctionnées par les forces de l'ordre, sans qu'une audience devant le tribunal de police ou le tribunal correctionnel ne soit utile, sauf en cas de contestation recevable de l'amende forfaitaire infligée.

Une nouvelle catégorie d'infractions atypique, sanctionnées par les forces de l'ordre, semble donc avoir vu le jour, et s'étendre au fil des réformes.

De manière visible mais involontaire, le déploiement de la procédure de l'amende forfaitaire vers la matière délictuelle est venu bouleverser la rigidité de la tripartition des infractions, qui était et demeure encore un principe parmi les plus importants du droit pénal. En effet, sa place au début du Code pénal le démontre. Désormais, avec l'adoption de cette procédure et son application, la frontière entre les contraventions et les délits s'amenuise dangereusement.

---

245 Art. 431-22 C. pén.

246 Art. L3124-4 C. transp.

De plus, la transposition de cette procédure vers la matière délictuelle s'est réalisée au détriment de certains principes qui lui sont applicables et qui sont inconnus de la matière contraventionnelle.

§2 : La non prise en compte de règles applicables en matière délictuelle

L'assimilation des contraventions et des délits dans le cadre de la procédure de l'amende forfaitaire engendre un défaut de considération de certains principes applicables à la matière délictuelle. Parmi ces principes, certains méritent de retenir une attention particulière tant ils sont enfreints par la procédure de l'amende forfaitaire délictuelle.

En effet, en l'état actuel des règles procédurales, l'amende forfaitaire délictuelle permet un cumul des sanctions au-delà du maximum encouru de manière classique (A), alors qu'en outre, elle ne tient pas compte des règles en matière de récidive délictuelle (B).

A. La possibilité discutable d'un cumul des sanctions en matière délictuelle

Contrairement aux atteintes portés à la tripartition des infractions par la procédure de l'amende forfaitaire délictuelle, la Défenseure des droits a souligné les problématiques soulevés par cette procédure concernant le respect des règles en matière de concours d'infractions[247].

En matière délictuelle et criminelle, la loi prévoit que « lorsque, à l'occasion d'une même procédure, la personne poursuivie est reconnue coupable de plusieurs infractions

---

[247] V. DÉFENSEURE DES DROITS, « Décision-cadre n°2023-030 », *op. cit.*, pp. 17-19.

en concours[248], chacune des peines encourues peut être prononcée. Toutefois, lorsque plusieurs peines de même nature sont encourues, il ne peut être prononcé qu'une seule peine de cette nature dans la limite du maximum légal le plus élevé. Chaque peine prononcée est réputée commune aux infractions en concours dans la limite du maximum légal applicable à chacune d'entre elles »[249]. De plus, la loi précise que « par dérogation aux dispositions qui précèdent, les peines d'amende pour contraventions se cumulent entre elles et avec celles encourues ou prononcées pour des crimes ou délits en concours »[250].

Il convient de relever, une nouvelle fois, que ces articles sont entrés en vigueur en même temps que le Code pénal de 1994, et qu'ils n'ont pas subi de modifications depuis. Ces principes peuvent donc aisément être qualifiés de principes généraux de la matière pénale.

Pourtant, la procédure de l'amende forfaitaire délictuelle déroge parfois à ces règles applicables en cas de concours d'infractions. Effectivement, dans les dispositions législatives et réglementaires relatives à la procédure de l'amende forfaitaire délictuelle, aucune interdiction de recours à cette procédure n'est indiquée lorsque plusieurs délits constatés simultanément peuvent entrainer une amende forfaitaire délictuelle.

Toutefois, les pouvoirs publics semblent avoir malgré tout pris la mesure de cette difficulté importante. En effet, dès les prémices de l'application de cette procédure pour les délits routiers, le ministère de la Justice informait que

---

[248] Art. 132-2 C. pén. définit le concours d'infractions comme la situation dans laquelle « une infraction est commise par une personne avant que celle-ci ait été définitivement condamnée pour une autre infraction ».

[249] Art. 132-3 C. pén.

[250] Art. 132-7 C. pén.

« dans l'hypothèse où les délits de conduite sans permis et de défaut d'assurance sont simultanément constatés, l'article 495-17 du Code de procédure pénale permet le recours à la procédure de l'amende forfaitaire. Toutefois, en raison de difficultés de gestion pouvant apparaître en cas de contestation, il n'est pas opportun de faire usage de la procédure d'amende forfaitaire dans cette hypothèse »[251], en étant précisé que cette inopportunité était liée à des problématiques informatiques dans le logiciel pour relier les deux dossiers correspondant aux deux délits commis.

Quelques années plus tard, le ministère de la Justice est venu préciser qu' « en l'état, le recours à l'amende forfaitaire lorsque plusieurs délits éligibles à cette procédure sont constatés risquerait d'entraîner des difficultés de traitement de ces infractions, puisqu'il n'existe pas à ce stade de possibilités informatiques de lier des infractions distinctes relevées par un PVe. Ainsi, en cas de contestation de l'une des procédures, il ne serait pas possible de faire le lien avec les autres procédures, afin de permettre à la juridiction de procéder à un examen global des faits verbalisés. Le risque de retours en enquête inutiles et de décisions incohérentes qu'emporterait le recours à l'AFD pour une pluralité d'infractions doit donc être écarté.

Par ailleurs, en matière délictuelle, contrairement à la procédure contraventionnelle, les amendes ne se cumulent pas. Or, en cas de recours à l'AFD pour une pluralité

---

[251] MINISTÈRE DE LA JUSTICE, Circulaire NOR : JUSD1831247C du 16 novembre 2018 relative à la mise en œuvre de la forfaitisation des délits prévus aux articles L221-2 et L324-2 du Code de la route, p. 5.

d'infractions, aucune confusion de peines ne peut être réalisée »[252].

Enfin, le ministère de la Justice a réaffirmé cette position ultérieurement, puisque ce dernier rappelle qu' « il a été donné comme consigne, dès le lancement des premières forfaitisations en 2018, de ne pas procéder à cette multi-verbalisation, en raison de difficultés juridiques et techniques »[253].

Cependant, même si les consignes données sont d'éviter la multi-verbalisation, il apparait que, dans la réalité, certains individus se retrouvent avec une multitude d'amendes à régler, puisque les amendes forfaitaires contraventionnelles s'additionnent, sans difficulté juridique, et que les amendes forfaitaires délictuelles peuvent s'additionner lorsqu'elles sont infligées dans un temps très proche l'une de l'autre, parfois dans la même journée[254]. Cette dernière situation, spécifique à la matière délictuelle, est attentatoire au principe de non-cumul des sanctions pénales de même nature au-delà du maximum légal encouru, et méconnait la possibilité d'une confusion totale ou partielle des sanctions pénales de même nature.

Dans les faits, un individu peut se voir infliger plusieurs amendes forfaitaires délictuelles le même jour, ou bien une chaque jour, et ce alors que la première sanction pécuniaire ne serait pas définitive si elle n'était

---

252 MINISTÈRE DE LA JUSTICE, « Doctrine d'emploi – AFD Occupation illicite de parties communes d'immeuble collectif », 17 janvier 2022, p. 4.

253 MINISTÈRE DE LA JUSTICE, « Doctrine d'emploi – AFD Introduction, détention ou usage de fusées ou artifices dans une enceinte sportive », *op. cit.*, p. 4.

254 V. en ce sens DAILLÈRE A., « L'amende forfaitaire, arme du (non-)droit », *Champ pénal*, n°26, 21 décembre 2022 [en ligne], et en particulier la section « 3. La multi-verbalisation comme violence administrative et financière ».

pas réglée ou faisait l'objet d'une contestation. Par ce procédé, les sanctions pécuniaires s'additionneraient, potentiellement au-delà du maximum légal encouru par le montant de l'amende forfaitaire délictuelle le plus élevé, sans qu'il ne puisse exister de recours contre cette situation.

Dès lors, il convient de retenir la proposition de la Défenseure des droits relative au souhait de « procéder aux développements informatiques nécessaires dans l'application PVe afin de lier les procédures d'AFD et de créer un élément bloquant qui met fin à la procédure de l'AFD en cas de concours d'infractions »[255]. Mais cette atteinte au principe de non-cumul des sanctions pénales de même nature au-delà du maximum légal n'est pas la seule règle applicable en matière délictuelle concernée, puisque la procédure de l'amende forfaitaire délictuelle ne permet pas non plus l'application des règles relative à la récidive dans la majorité des cas.

B. L'inapplication des règles relatives à la récidive en matière délictuelle

En matière délictuelle, la loi prévoit notamment que « lorsqu'une personne physique, déjà condamnée définitivement pour un délit, commet, dans le délai de cinq ans à compter de l'expiration ou de la prescription de la précédente peine, soit le même délit, soit un délit qui lui est assimilé au regard des règles de la récidive, le maximum des peines d'emprisonnement et d'amende encourues est doublé »[256]. De ce fait, le montant de l'amende forfaitaire délictuelle devrait être doublée lorsqu'une telle situation se présente. Spécifiquement à

[255] DÉFENSEURE DES DROITS, « Décision-cadre n°2023-030 », *op. cit.*, p. 19.
[256] Art. 132-10 C. pén.

cette procédure, la loi précise aujourd'hui qu' « elle n'est pas non plus applicable en état de récidive légale, sauf lorsque la loi en dispose autrement »[257], cette exception à ce principe ayant été ajoutée ultérieurement à l'entrée en vigueur de cette procédure[258].

Le principe cité du doublement de la peine d'amende encouru en cas de récidive légale n'est pas respecté dans le cadre de la procédure de l'amende forfaitaire délictuelle, et ne semble pas en voie d'être respecté, puisque la disposition qui prévoyait que « le paiement de l'amende forfaitaire ou l'émission du titre exécutoire d'une amende forfaitaire majorée non susceptible de réclamation sont assimilés à une condamnation définitive pour l'application des règles sur la récidive des délits »[259] a été rapidement abrogée.

Cela peut s'entendre en raison de la difficulté pour les forces de l'ordre d'accéder au casier judiciaire de l'individu verbalisé lors de la constatation des faits. Cette obligation d'accéder au casier judiciaire du mis en cause réduirait « à néant les gains de productivité »[260], pourtant recherchés par la procédure de l'amende forfaitaire délictuelle.

Dès lors, cette procédure, de par ses objectifs de facilité et de rapidement, n'est pas en mesure de tenir compte des situations de récidive légale, lesquelles répondent à des conditions particulièrement strictes.

---

[257] Art. 495-17 al. 2 C. pr. pén.

[258] En l'espèce, l'exception « sauf lorsque la loi en dispose autrement » a été ajoutée par l'article 29 de la loi n°2022-52 du 24 janvier 2022.

[259] Art. 495-23 C. pr. pén. a été abrogé par l'article 58 de la loi n°2019-222 du 23 mars 2019.

[260] BISIOU Y., « Cannabis : Payer pour fumer », *AJ Pénal*, n°11, 2017, p. 487.

Pour surmonter ces difficultés, le législateur, après avoir abrogé et modifié les dispositions relatives à la récidive légale, a pris soin de mentionner si un délit visé par cette procédure était applicable en cas de récidive légale. En l'espèce, la mention « y compris en cas de récidive » apparait dans les dispositions de répression pour la majorité des délits visés par cette procédure, et seuls quelques délits ne sont pas concernés, notamment les délits historiques de l'amende forfaitaire délictuelle comme « la conduite sans permis, la conduite sans assurance, l'installation illicite sur le terrain d'autrui ou encore l'abandon de déchets »[261]. Plus récemment, la loi d'orientation et de programmation du ministère de l'Intérieur, qui a étendu cette procédure à plusieurs dizaines de délits, a prévu que certains nouveaux délits puissent être réprimés par cette procédure même en cas de récidive[262].

Ce faisant, la répression des délits visés par cette procédure commis en récidive demeure à la discrétion du parquet, lequel pourrait délivrer des directives de politique pénale dans son ressort « par exemple pour limiter le recours à l'AFD en cas de récidive de récidive »[263], et préférer une enquête pénale classique avec une orientation des poursuites pénales différente. Mais quoi qu'il en soit, les règles relatives à la récidive en matière délictuelle sont largement enfreintes par cette procédure. Dès lors, il convient de relever l'existence d'un décalage en la matière

---

[261] BISIOU Y., « Amendes forfaitaires délictuelles : le retour du bon docteur Coué », *op. cit.*, p. 512.

[262] V. Annexe 1 de la circulaire de présentation des dispositions de la loi n°2023-22 du 24 janvier 2023 d'orientation et de programmation du ministère de l'Intérieur précité.

[263] V. par exemple : MINISTÈRE DE LA JUSTICE, « Doctrine d'emploi – AFD Introduction, détention ou usage de fusées ou artifices dans une enceinte sportive », *op. cit.*, p. 4.

entre les individus verbalisés par cette procédure, et ceux qui seront jugés par le tribunal correctionnel.

Le principe du non-cumul des sanctions pénales de même nature en matière délictuelle au-delà du maximum légal encouru, ainsi que la non prise en compte de la récidive dans un nombre important de délits sont donc deux des règles non respectées par la procédure de l'amende forfaitaire délictuelle. En gardant à l'esprit que l'évolution de cette procédure ne tient pas compte des différences classiques entre la catégorie des contraventions et celle des délits, la transposition de la procédure d'amende forfaitaire qui a été réalisée est particulièrement contestable à plus d'un titre.

Il ne semble dès lors ne pas exister d'autre possibilité que celle d'améliorer sensiblement la procédure de l'amende forfaitaire délictuelle, en tenant compte des spécificités de la matière délictuelle et de l'objectif d'accélération du procès pénal.

Section 2 : Une transposition à amender

En raison de toutes les difficultés évoquées jusque-là, la procédure de l'amende forfaitaire délictuelle se doit d'être améliorée, la transposition des règles procédurales modifiée, et ce de plusieurs manières.

Il parait indispensable qu'elle soit mieux intégrée dans l'arsenal juridique à disposition du ministère public et des agents verbalisateurs (§1), et il parait souhaitable que cette procédure soit transformée dans sa nature, afin de faciliter la compréhension de ce type de mode de poursuite pénale (§2).

§1 : La proposition d'une meilleure intégration de l'AFD

La procédure de l'amende forfaitaire délictuelle étant davantage du ressort des forces de l'ordre que des magistrats du parquet et du siège, elle apparait comme ayant une place en marge des autres types de procédures pénales accélérées existantes.

Cette place particulière qui lui est propre est en partie due aux incertitudes liées à sa définition (A). Dès lors, une clarification de la nature de cette procédure est souhaitable (B), afin de lui assurer une meilleure intégration et une place certaine dans le système de justice pénale.

A. Le constat d'une procédure difficilement définissable

La procédure de l'amende forfaitaire délictuelle est définie de différentes manières et renvoie à plusieurs notions distinctes en matière pénale. Pour rappel, selon le point de vue, elle est donc perçue comme une procédure de transaction, comme une sanction pénale ou encore comme une forme de peine alternative. Ces définitions, données par les travaux parlementaires et par la doctrine qui s'est emparée de ce sujet, se trouvent être contradictoires, ce qui ne manque pas d'interpeller. La déduction que cette procédure est difficilement définissable avec certitude s'impose donc.

De plus, l'absence de jurisprudence et de contentieux ne permet pas d'éclairer davantage la situation. Quelques arrêts rendus peuvent être mentionnés, mais leur nombre reste marginal et leur importance demeure modérée. Par exemple, une décision du Conseil d'État refuse de renvoyer une question prioritaire de constitutionnalité devant le Conseil constitutionnel[264], puis, dans le même dossier, quelques mois après, une autre décision refuse notamment de saisir la Cour européenne des droits de l'homme d'une demande d'avis sur la conformité à la Convention européenne de sauvegarde des droits de l'homme et des libertés fondamentales de l'exclusion du recours à la procédure de l'amende forfaitaire délictuelle pour certains justiciables en matière d'usage de stupéfiants[265].

Ce rôle de filtrage des questions prioritaires de constitutionnalité effectué par le Conseil d'État est, dans ce cas, particulièrement dommageable, en ce que cela aurait pu permettre au Conseil constitutionnel et à la Cour européenne des droits de l'homme de se prononcer sur cette procédure très récente, en y apportant pourquoi pas des éléments de compréhension et de définition supplémentaires[266].

Le filtrage, ou bien plutôt le blocage, opéré par le Conseil d'État dans ce cas présent est d'autant plus regrettable que les dispositions législatives relatives à la procédure de l'amende forfaitaire délictuelle ne sont pas évoquées dans le JurisClasseur procédure pénale de Lexis. Pourtant, la création d'une fiche relative aux articles 495-17 à 495-25 du Code de procédure pénale parait nécessaire, ne serait-ce que pour clarifier la définition de

---

[264] CE, 5ème chambre, n°470350, 24 mars 2023.

[265] CE, 5ème chambre, n°470350, 21 décembre 2023.

[266] En particulier, le protocole n°16 à la Convention de sauvegarde des droits de l'homme et des libertés fondamentales, signé le 2 octobre 2013, et entré en vigueur le 1 août 2018, prévoit notamment, dans son article 1, que « les plus hautes juridictions d'une Haute Partie contractante […] peuvent adresser à la Cour des demandes d'avis consultatifs sur des questions de principe relatives à l'interprétation ou à l'application des droits et libertés définis par la Convention ou ses protocoles ».

l'amende forfaitaire délictuelle une bonne fois pour toute, en rédigeant des informations les plus consensuelles possibles. Du côté de Dalloz, une rubrique « Amende forfaitaire » complétée par Jean-Paul CÉRÉ existe dans le Répertoire de droit pénal et de procédure pénale, et demeure une source riche en informations. Cette rubrique est bel et bien l'exception qui confirme la règle.

La doctrine peut avoir un rôle à jouer dans la définition de la nature de cette procédure, mais force est de constater qu'elle ne semble pas s'y intéresser outre mesure. La plupart des articles de doctrine ont été publiés après l'adoption de la loi d'orientation et de programmation du ministère de l'Intérieur début 2023, et simplement pour en résumer les apports et non pour apporter une critique. Seuls Yann BISIOU en droit et Fabien JOBARD en sociologie semblent sérieusement s'intéresser à cette question, et ce depuis la transposition de la procédure de l'amende forfaitaire à la matière délictuelle. Cependant, une exception d'importance existe, avec une prise en compte massive de cette procédure au regard du délit de l'usage de stupéfiants en particulier, avec plusieurs rapports et avis sur la question[267], mais très souvent d'un point de vue médical, et donc très négatif envers cette procédure[268].

Dès lors, il parait important que la doctrine dans son ensemble prenne ce sujet avec le sérieux qu'il mérite. Il convient de rappeler malgré tout que des institutions de protection des droits de l'homme, telles que la Défenseure

---

[267] V. notamment le rapport d'information n°595 déposé par la commission des lois en conclusion des travaux d'une mission d'information relative à l'application d'une procédure d'amende forfaitaire au délit d'usage illicite de stupéfiants, enregistré à la Présidence de l'Assemblée nationale le 25 janvier 2018.

[268] V. par exemple : AIDES, « L'échec annoncé de l'amende forfaitaire délictuelle étendue au délit d'usage de stupéfiants », novembre 2018.

des droits ou encore la Commission nationale consultative des droits de l'homme, ont traité ce sujet, en adoptant des analyses très négatives et des propositions pour une partie inenvisageables.

Enfin, la presse nationale traite parfois de ce sujet, avec des articles en quantité croissante au fil des mois. Mais ces articles ne permettent pas de définir précisément la nature de cette procédure, s'agissant d'une presse à destination de tous et non spécialisée. Elle a toutefois le mérite de tenir la population informée de ce dispositif, notamment des différentes expérimentations de la procédure de l'amende forfaitaire délictuelle au sein du territoire[269].

Finalement, les meilleures sources d'informations sur la nature réelle de cette procédure, au-delà des dispositions législatives et de la doctrine, sont les nombreuses circulaires et doctrines d'emploi adressées par le ministère de la Justice aux parquets et aux agents verbalisateurs. Cependant, cette manifestation de la politique pénale nationale ne se suffit pas à elle-même, et un point de vue qualitatif des juristes est nécessaire. D'ailleurs, aucun ouvrage spécialisé sur la question de l'amende forfaitaire ne semble exister… peut-être serait-ce l'occasion pour des juristes d'y songer ?

Ce faisant, actuellement, en raison de l'imprécision de la définition de l'amende forfaitaire délictuelle, ainsi que de sa nature exacte, et du manque de considération de la doctrine sur ce sujet, cette procédure n'est aujourd'hui pas entièrement intégrée au système de justice pénale. Dans le but de résoudre cette difficulté de taille, une clarification de la nature de cette procédure est indispensable.

---

[269] Par exemple : LE PARISIEN, « Port d'une arme blanche : une amende de 500 euros à l'essai », 20 avril 2024.

B. Le souhait d'une clarification de sa nature

Pour assurer une meilleure intégration de la procédure de l'amende forfaitaire délictuelle au système de justice pénale, il convient alors de clarifier sa nature, afin de bien comprendre les enjeux de ce mécanisme.

Pour ce faire, il convient d'étudier plus en détails les trois natures distinctes affublées à la procédure de l'amende forfaitaire délictuelle, à savoir une procédure de transaction, une sanction pénale ou une peine alternative.

La procédure de transaction renvoie à des notions bien précises en matière civile notamment. Le législateur encourage d'ailleurs le développement de la procédure de transaction, qui est un mode alternatif de règlement des litiges. Notamment, la loi précise que « lorsque [la requête] doit être précédée d'une tentative de conciliation, de médiation ou de procédure participative, les diligences entreprises en vue d'une résolution amiable du litige ou la justification de la dispense d'une telle tentative »[270]. Une assimilation peut effectivement être réalisée avec la procédure de l'amende forfaitaire délictuelle, dans le sens où dans cette procédure, le litige peut être réglé sans intervention du juge, avec un règlement amiable entre les parties contractantes, qui sont l'agent verbalisateur et l'individu verbalisé.

Le paiement du montant de l'amende forfaitaire délictuelle vaut acceptation de la transaction, qui met fin à l'action publique, et empêche toute contestation future. Pour cela, il est indispensable que chaque partie émettre un consentement libre et éclairé, en particulier l'individu verbalisé que se trouve être en position vulnérable. Néanmoins, la loi précise qu' « on peut transiger sur l'intérêt civil qui résulte d'un délit. La transaction

[270] Art. 54 5° C. pr. civ.

n'empêche pas la poursuite du ministère public »[271]. Or, dans le cadre de la procédure de l'amende forfaitaire délictuelle, le but est précisément d'empêcher la poursuite du ministère public par le paiement d'une amende.

De son côté, une sanction pénale est une notion très difficile à définir avec précision. D'ailleurs, les définitions données sont nombreuses. Dans un souci de clarté, sanction pénale et peine seront considérées comme synonymes, et la peine peut être définie comme « une forme de "réponse pénale", à finalité essentiellement rétributive, prononcée par une juridiction répressive, à la suite d'une déclaration de culpabilité. Autrement dit, deux critères combinés permettent de la définir : sa rationalité essentiellement rétrospective (il s'agit de punir un comportement passé) et la nature judiciaire et répressive de l'autorité qui la prononce »[272].

Évidemment, cette définition n'est pas parfaite, mais il parait véritablement impossible de donner une définition totalement consensuelle d'une peine, et celle-ci parait d'une qualité conséquente, malgré des discussions envisageables. En appliquant cette définition de la sanction pénale à la procédure de l'amende forfaitaire délictuelle, force est de constater que le critère visant à ce qu'elle soit prononcée par une juridiction répressive n'est pas rempli. En effet, les agents verbalisateurs ne peuvent pas être considérés comme tels, malgré l'évolution de leur rôle déjà évoqué[273].

Dès lors, malgré l'assimilation de la procédure de l'amende forfaitaire délictuelle à une sanction pénale d'une part de la doctrine, et en particulier Simone

---

[271] Art. 2046 C. civ.
[272] PIN X., *Droit pénal général*, Dalloz, 15ème éd., 2024, p. 451.
[273] V. *supra*.

GABORIAU[274], pourtant ancienne présidente du Syndicat de la magistrature, il apparait en réalité que cette définition se doit d'être écartée.

Enfin, la procédure de l'amende forfaitaire délictuelle a également pu être appréhendée comme une forme de peine alternative. Cette assimilation a de quoi surprendre, puisque l'amende fait partie, avec l'emprisonnement, des deux peines par excellence, par référence. De plus, il vient d'être démontré que l'amende forfaitaire délictuelle n'était déjà pas une peine au sens juridique du terme, alors elle ne peut pas non plus être une peine alternative. Un exemple d'une peine alternative peut être donné en guise d'illustration, notamment « lorsqu'un délit est puni d'une peine d'emprisonnement, la juridiction peut, à la place de l'emprisonnement, prononcer la peine de détention à domicile sous surveillance électronique pendant une durée comprise entre quinze jours et six mois, sans pouvoir excéder la durée de l'emprisonnement encouru »[275]. Ce point de vue concernant la nature de cette procédure ne peut donc pas être retenu.

Par conséquent, il apparait que la procédure de l'amende forfaitaire délictuelle doit être considérée comme une sanction policière prenant la forme d'une procédure de transaction, et donc qu'elle n'est ni une sanction pénale, ni une peine alternative. Néanmoins, afin d'assurer une meilleure intégration de cette procédure et de stopper les divergences de point de vue, le législateur aurait tout intérêt à préciser la nature réelle de cette procédure de manière claire et sans ambiguïté.

---

[274] GABORIAU S., « L'amende forfaitaire délictuelle : surveiller et punir », *Droits & Libertés*, n°200, janvier 2023, p. 13.
[275] Art. 131-4-1 al. 1 C. pén.

Une meilleure intégration de la procédure de l'amende forfaitaire délictuelle semble alors indispensable, dans un souci de compréhension du mécanisme et de sécurisation juridique. Sa substance est aujourd'hui encore incertaine, ainsi que sa nature réelle. La doctrine n'est pas consensuelle avec les instances politiques dans la définition qu'elle donne de cette procédure, puisque la première la définit plutôt comme une sanction pénale alors que les deuxièmes la définissent comme une procédure de transaction. En raison de ces incertitudes, une clarification est de mise, et force est de constater que cette procédure parait être davantage une procédure de transaction qu'une sanction pénale.

Il convient alors finalement de proposer une transformation de la substance de la procédure de l'amende forfaitaire délictuelle.

§2 : La proposition d'une transformation de l'AFD

La procédure de l'amende forfaitaire délictuelle, en tant que procédure de type transactionnel, peut être comparée aux autres procédures d'un type identique ou pouvant être assimilé.

Également, force est de constater que d'autres modes de poursuite qui lui ressemblent existent ou ont existé dans le passé (A). Dès lors, la question de savoir si l'existence d'autant de modes de poursuite différents est véritablement utile peut se poser. Il semble alors que la procédure de la transaction pénale, laquelle présente nombre de ressemblances avec celle de l'amende forfaitaire délictuelle, constitue un modèle plus protecteur des principes de la matière pénale et des droits des mis en cause, tout en permettant également une accélération recherchée du procès pénal. Par conséquent, une fusion entre ces deux procédures pourrait-être envisageable pour l'avenir (B).

A. Le constat de similitudes avec d'autres modes de poursuite

La procédure de l'amende forfaitaire délictuelle permet donc une accélération du procès pénal, volonté recherchée par les pouvoirs publics et la société depuis ces dernières années voire décennies. Le fait que cette procédure soit mise en œuvre directement par les forces de l'ordre la rend originale et la distingue des autres, mais elle n'est pas la seule procédure prévue par les dispositions législatives à se voir assigner un tel objectif. En particulier, au stade des alternatives aux poursuites pénales à la discrétion du ministère public, d'autres modes de poursuite existent, dans le but notamment d'une accélération du procès pénal. Force est de constater que nombre de ces procédures présentent des similitudes avec celle de l'amende forfaitaire délictuelle.

D'une part, certaines attributions du procureur de la République en matière de poursuite pénale peuvent entrainer le paiement d'une somme d'argent de la part de l'auteur des faits, comme dans le cadre de l'amende forfaitaire.

Par exemple, il peut, « préalablement à sa décision sur l'action publique [...] demander à l'auteur des faits de s'acquitter d'une contribution citoyenne auprès d'une association d'aide aux victimes. [...] Le montant de cette contribution, qui ne peut excéder [3000 euros], est fixé par le procureur de la République en fonction de la gravité des faits ainsi que des ressources et des charges de l'auteur des faits »[276]. Il est à relever que le montant maximal est identique à celui de la procédure de l'amende forfaitaire

[276] Art. 41-1 10° C. pr. pén.

délictuelle, fixé au plafond des amendes contraventionnelles.

Un deuxième exemple peut être donné avec la possibilité pour une personne morale de conclure une convention judiciaire d'intérêt public dans le cas de commission de délits limitativement énumérés, ainsi que pour des infractions connexes, sur proposition du procureur de la République. Dans ce cas, l'une des obligations à la charge de la personne morale peut être de « verser une amende d'intérêt public au Trésor public. Le montant de cette amende est fixé de manière proportionnée aux avantages tirés des manquements constatés, dans la limite de 30 % du chiffre d'affaires moyen annuel calculé sur les trois derniers chiffres d'affaires annuels connus à la date du constat de ces manquements »[277]. La même possibilité existe en cas de commission de délits prévus par le Code de l'environnement, ainsi que pour des infractions connexes[278].

Un dernier exemple peut être évoqué avec la procédure de composition pénale qui, en cas de reconnaissance des faits du mis en cause, consiste pour le procureur de la République à proposer un certain nombre de mesures, et parmi celles-ci, celle de « verser une amende de composition au Trésor public. Le montant de cette amende, qui ne peut excéder le montant maximum de l'amende encourue, est fixé en fonction de la gravité des faits ainsi que des ressources et des charges de la personne »[279]. La procédure de la composition pénale ressemble d'autant plus à la procédure de l'amende forfaitaire qu'elle est également applicable aux

---

[277] Art. 41-1-2 1° C. pr. pén.
[278] Art. 41-1-3 C. pr. pén.
[279] Art. 41-2 1° C. pr. pén.

contraventions[280], même si elle peut concerner les délits punis d'une peine de maximum cinq ans d'emprisonnement[281], contre trois ans d'emprisonnement pour l'amende forfaitaire délictuelle.

Ces procédures différentes ont en commun le versement d'une somme d'argent de la part de l'auteur des faits, sous réserve de son accord et de sa reconnaissance des faits. La différence majeure avec la procédure de l'amende forfaitaire réside dans le fait que les montants d'amende proposés sont individualisés pour chaque mis en cause, en fonction de la gravité des faits et de sa situation économique, là où la procédure de l'amende forfaitaire ne tient pas compte de ces données. Ces procédures accélérées apparaissent donc plus protectrices des droits des mis en cause, mais mises en œuvre par le ministère public ou ses délégués, et non pas directement par les forces de l'ordre.

D'autre part, le législateur a également prévu des modes simplifiés de jugement des délits, avec notamment la procédure de l'ordonnance pénale et celle de la comparution sur reconnaissance préalable de culpabilité. Ces procédures ont-elles-aussi certains points communs avec la procédure de l'amende forfaitaire, notamment la première nommée, puisqu'aucune peine d'emprisonnement ne peut être proposée, que la peine d'amende ne peut excéder 5 000 euros, soit un montant un peu supérieur au plafond d'une amende forfaitaire délictuelle, qu'elle est applicable pour une liste de délits limitativement énumérés et qu'elle n'est pas applicable aux mineurs[282].

---

[280] Art. 41-3 al. 1 C. pr. pén.
[281] Art. 41-2 al. 1 C. pr. pén.
[282] Ces conditions sont issues des art. 495 et 495-1 C. pr. pén.

De son côté, la deuxième nommée est utilisée pour des faits plus graves, puisqu'une peine d'emprisonnement d'un maximum de trois ans peut être proposée en cas de reconnaissance des faits de la part du mis en cause[283]. Elle demeure une procédure simplifiée de jugement des délits, mais elle parait bien plus sévère que celle de l'amende forfaitaire délictuelle, et, ce faisant, même si une seule peine d'amende peut être proposée dans le cadre de cette procédure simplifiée, une comparaison plus détaillée ne semble pas forcément utile, contrairement aux autres procédures évoquées qui semblent se rapprocher davantage des conditions d'applicabilité de la procédure de l'amende forfaitaire délictuelle.

Enfin, la procédure de l'amende forfaitaire délictuelle étant une procédure de type transactionnel et non pas une alternative aux poursuites, il convient de mentionner que le procureur de la République peut, dans certains cas très restreints de la matière contraventionnelle, « après avoir recueilli l'avis du maire, demander à l'auteur des faits de répondre à une convocation du maire en vue de conclure une transaction »[284], qui va consister en la réparation du préjudice subi par la commune[285]. Cette transaction nécessite l'accord de l'auteur des faits. Il s'agit d'une procédure intéressante, qui, dans le passé, avait été étendue à d'autres cas de la matière contraventionnelle, mais aussi à certains cas de la matière délictuelle.

Cette procédure de la transaction pénale, aujourd'hui abrogée, est pourtant celle qui ressemblait le plus à celle de l'amende forfaitaire délictuelle actuelle, en ce qu'elle était mise en œuvre par un officier de police judiciaire[286].

---

283 Art. 495-8 al. 2 C. pr. pén.
284 Art. 41-1 11° C. pr. pén.
285 Art. 44-1 al. 1 C. pr. pén.
286 Ancien art. 41-1-1 I C. pr. pén.

Dès lors, il convient de souligner que de nombreuses procédures accélérées et simplifiées existent dans le Code de procédure pénale, avec des points communs évidents entre elles. Néanmoins, une modification des procédures accélérées pourrait devoir être envisagée, dans un souci de simplification de la procédure pénale. Effectivement, le nombre très important de ces procédures rend le tout difficilement compréhensible pour le justiciable, avec des conditions d'application parfois complexes et injustifiés. En particulier, concernant la procédure de l'amende forfaitaire délictuelle, il semblerait être judicieux de la fusionner avec la procédure de la transaction pénale, aujourd'hui disparue.

B. Le souhait d'une fusion avec la procédure de la transaction pénale

La procédure de la transaction pénale était donc prévue par l'ancien article 41-1-1 du Code de procédure pénale. Cet article avait été adopté en 2014[287], modifié en 2017[288], avant d'être abrogé en 2019[289].

Lorsque cette procédure était en vigueur, elle consistait, pour un officier de police judiciaire, de « transiger avec les personnes physiques et les personnes morales sur la poursuite »[290], sur autorisation du procureur de la République. La disposition législative prévoyait que toutes les contraventions prévues par le Code pénal était

---

[287] Par l'art. 35 de la loi n°2014-896 du 15 août 2014 relative à l'individualisation des peines et renforçant l'efficacité des sanctions pénales.
[288] Par l'art. 19 de la loi n°2017-258 du 28 février 2017 relative à la sécurité publique.
[289] Par l'art. 59 de la loi n°2019-222 du 23 mars 2019 de programmation 2018-2022 et de réforme pour la justice.
[290] Ancien art. 41-1-1 I C. pr. pén.

concernées, sauf les « contraventions des quatre premières classes pour lesquelles l'action publique est éteinte par le paiement d'une amende forfaitaire »[291], ainsi que certains délits, notamment ceux « prévus par le Code pénal et punis d'une peine d'amende »[292], « prévus par le même code et punis d'un an d'emprisonnement au plus »[293], ou encore « du délit [de vol simple], lorsque la valeur de la chose volée est inférieure ou égale à 300 euros »[294], sans oublier le délit d'usage de stupéfiants[295].

Force est de constater que les infractions visées par cette procédure sont sensiblement les mêmes que celles visées par la procédure de l'amende forfaitaire délictuelle, et ce d'autant plus en tenant compte de la volonté politique du projet de loi initial de la loi d'orientation et de programmation du ministère de l'Intérieur de 2023 d'étendre encore plus la procédure de l'amende forfaitaire délictuelle. En outre, le critère de la valeur de la chose ne devant pas dépasser 300 euros pour que cette procédure puisse s'appliquer est identique entre les deux procédures. Dès lors, ces deux procédures ne peuvent qu'être assimilées dans leur conception philosophique.

Cet article poursuivait en précisant que la transaction pénale autorisée par le procureur de la République devait être homologuée par un magistrat du siège du tribunal, avec une possibilité d'entendre l'auteur des faits, pouvant être assisté par un avocat.

---

291 *Ibid.*, 1°.
292 *Ibid.*, 2°.
293 *Ibid.*, 3°.
294 *Ibid.*, 4°.
295 *Ibid.*, 5°.

De plus, il était mentionné que la proposition de transaction pénale « est déterminée en fonction des circonstances et de la gravité de l'infraction, de la personnalité et de la situation matérielle, familiale et sociale de son auteur ainsi que de ses ressources et de ses charges »[296]. Il s'agissait ici d'un respect du principe de l'individualisation de la peine qui n'est pas prévu pour la procédure de l'amende forfaitaire délictuelle, sauf contestation recevable.

Enfin, lorsque la transaction était acceptée et les obligations exécutées par l'auteur des faits, l'action publique était éteinte[297].

Dès lors, de manière visible, la procédure de la transaction pénale et celle de l'amende forfaitaire délictuelle sont d'une nature et d'un régime très proches. En considérant la période de l'abrogation de la première procédure et du développement de la seconde, il apparait que la seconde s'inspire largement de la première, mais avec une protection des droits des mis en cause moins bien respectées.

En effet, la procédure de la transaction pénale était d'une meilleure qualité, puisqu'elle prévoyait le recours au juge pour une homologation de la transaction, et elle prévoyait également la possibilité pour le mis en cause d'être assisté par un avocat, ce qui n'est pas le cas pour la procédure de l'amende forfaitaire délictuelle, sauf contestation recevable.

---

[296] *Ibid.*, II.

[297] Pour renforcer cette disposition, l'art. 6 al. 3 C. pr. pén. admet que l'action publique peut « s'éteindre par transaction lorsque la loi en dispose expressément ». La procédure de transaction est donc bel et bien admise en matière pénale.

Toutefois, dans les faits, la procédure de la transaction pénale n'était pratiquement jamais appliquée quand elle était en vigueur, en raison notamment de l'annulation par le Conseil d'État d'une disposition du décret n°2015-1272 du 13 octobre 2015 pris pour l'application des articles 41-1-1 du Code de procédure pénale et L132-10-1 du Code de la sécurité intérieure.

En effet, une décision du Conseil d'État est venue considérer que ce décret « méconnait le droit à un procès équitable garanti par l'article 6 de la Convention européenne de sauvegarde des droits de l'homme et des libertés fondamentales », en ce que « cette procédure de transaction pénale doit reposer sur l'accord libre et non équivoque de l'auteur des faits, qui implique, notamment, la complète connaissance, par l'intéressé, de la nature des faits reprochés et de leur qualification juridique, [alors que les dispositions attaquées] ne prévoient [pas] que la personne à qui est proposée la transaction soit dûment informée de la nature des faits reprochés ainsi que de leur qualification juridique »[298]. Cette décision, bien que logique sur le fond, a anéanti le développement de cette procédure intéressante, qui a fini par être abrogée quelques années plus tard. Cependant, les règles procédurales pourraient très bien être améliorées, et cette procédure repensée.

Par conséquent, en raison de l'audace remarquable d'une procédure de transaction par officier de police judiciaire, laquelle semble répondre de manière positive à plusieurs désagréments évoqués de la justice pénale actuelle, la procédure de la transaction pénale mériterait d'être reconsidérée. Surtout, une fusion entre cette procédure et celle de l'amende forfaitaire délictuelle pourrait être une idée à développer, dans la mesure où les

---

[298] CE, 6ème et 1ère chambres réunies, n°395321, 24 mai 2017, §6.

deux procédures paraissent largement assimilables. Les atteintes aux principes directeurs de la matière pénale et de la matière délictuelle provoquées par la procédure de l'amende forfaitaire délictuelle peuvent être résolues par la procédure de la transaction pénale.

Toutefois, les règles procédurales de la transaction pénale n'étaient pas parfaites. Il conviendrait alors de les améliorer, en s'assurant que la personne mise en cause bénéficie bien de toutes les informations relatives aux faits reprochés et leur qualification juridique.

Cette fusion souhaitable donnerait donc une nouvelle procédure de type transactionnel, toujours du ressort des forces de l'ordre, mais en prévoyant un renforcement des droits des mis en cause comme tel était le cas de manière satisfaisante lors d'une procédure de transaction pénale, afin d'apporter une réponse pénale plus adaptée à la délinquance contemporaine, pour des infractions peu graves et aisément constatables par les forces de l'ordre.

CONCLUSION GÉNÉRALE

L'amende forfaitaire délictuelle, procédure de type transactionnel en extension persistante, provoque de manière compréhensible quelques débats à propos de ses objectifs et de ses règles procédurales. Pour la majorité politique essentiellement, elle permet une réponse pénale supplémentaire pour des délits peu graves et aisément constatables par les forces de l'ordre, pour une finalité d'efficacité comptable et de désengorgement des juridictions, tandis que pour la doctrine qui s'est emparée du sujet, de nombreuses lacunes sont à relever, la Défenseure des droits sollicitant même la suppression pure et simple de cette procédure.

Bien que des critiques puissent être émises à l'encontre de cette procédure, sa présence au sein des outils à disposition du ministère public est en elle-même indispensable. Cette procédure ne doit pas être supprimée car elle permet aux forces de l'ordre de pouvoir agir et sanctionner sur le terrain, afin de répondre à une partie des problématiques contemporaines du système ordinaire de justice pénale.

Néanmoins, la mise en application de ce nouveau modèle d'accélération du procès pénal, ainsi que nombre de ses règles procédurales, méritent d'être repensées. Les délits visés par cette procédure deviennent trop nombreux et pas toujours justifiés. La transposition des règles procédurales effectuée de la matière contraventionnelle vers la matière délictuelle ne fonctionne pas, des modifications sont donc à envisager pour assurer une meilleure protection des droits des personnes mises en cause et un plus grand respect des principes directeurs de la matière pénale et de la matière délictuelle.

Pour ce faire, l'idée d'une transformation de cette procédure parait intéressante et nécessaire. Dès lors, le rétablissement de l'ancienne procédure de la transaction pénale, aujourd'hui abrogée, et sa fusion avec la procédure de l'amende forfaitaire pourraient permettre de combler bien des lacunes rencontrées par cette dernière sous sa forme actuelle.

Peut-être l'avenir permettra-t-il d'y voir un peu plus clair ? En effet, il est prévu que « le Gouvernement remet[te] au Parlement, avant le 1er janvier 2026, un rapport portant évaluation de la mise en œuvre de la procédure de l'amende forfaitaire délictuelle, pour chacune des infractions auxquelles cette procédure est applicable »[299]. Ce rapport tant attendu devrait permettre d'analyser l'efficacité réelle de cette procédure, et proposer des « pistes d'amélioration du recouvrement de ces amendes, notamment par la mise en place d'une saisie sur salaire en concertation avec l'employeur de la personne mise en cause »[300].

---

[299] Art. 25 XII de la loi n°2023-22 du 24 janvier 2023 d'orientation et de programmation du ministère de l'Intérieur.
[300] *Ibid.*

BIBLIOGRAPHIE

OUVRAGES GÉNÉRAUX

AMBROISE-CASTÉROT C. et BONFILS P., *Procédure pénale*, PUF, 4ème édition, 2022.
BOULOC B., *Procédure pénale*, Dalloz, 27ème édition, 2024.
DESPORTES F. et LAZERGES-COUSQUER L., *Traité de procédure pénale*, Economica, 4ème édition, 2015.
GARÉ T. et GINESTET C., *Droit pénal, procédure pénale 2024*, Dalloz, 15ème édition, 2023.
GUINCHARD S. et BUISSON J., *Procédure pénale*, LexisNexis, 16ème édition, 2023.
LARGUIER J., CONTE P. et DETRAZ S., *Procédure pénale*, Dalloz, 26ème édition, 2023.
LEROY J., *Procédure pénale*, LGDJ, 8ème édition, 2023.
PIN X., *Droit pénal général*, Dalloz, 15ème édition, 2024.

OUVRAGES SPÉCIAUX

ALIX J. et DARSONVILLE A., *Gravité et droit pénal*, Mare & Martin, 2021.
ALLIX D., *Les droits fondamentaux dans le procès pénal*, Montchrestien, 2ème édition, 2002.
GUINCHARD S. et BUISSON J., *Les transformations de la justice pénale*, Cycle de conférences 2013 à la Cour de cassation, Dalloz, 2014.
JACOBS A. (dir.), *Les alternatives au procès pénal*, L'Harmattan, 2013.
JEAN J.-P., *Le système pénal*, Repères, 2008.

TROUILLIER M. et SIZAIRE V., *La simplification de la justice pénale – Derrière la promesse, quelle réalité juridique ?*, Dalloz, 2022.

THÈSES, MÉMOIRE ET RAPPORT DE STAGE

DA PARÉ M., *L'amende forfaitaire et les principes du procès équitable*, mémoire de Master 2 Droit pénal approfondi, Université de Bordeaux, année universitaire 2018-2019.

DAILLÈRE A., *La justice dans la rue. Du pouvoir contraventionnel des policiers*, thèse en préparation à l'Université Paris-Saclay depuis le 1 septembre 2020.

LORAND M., *La subordination fonctionnelle des officiers de police judiciaire au Ministère public*, rapport de stage de Master 2 Police et sécurité intérieure, Université de Pau et des Pays de l'Adour, année universitaire 2017-2018.

VIENNOT C., *Le procès pénal accéléré : étude des transformations du procès pénal*, thèse soutenue à l'Université de Paris-Nanterre, 10 décembre 2010.

RÉPERTOIRE ET JURISCLASSEURS

BEAUSSONIE G., « Infraction », *Répertoire de droit pénal et de procédure pénale*, Dalloz, juillet 2021.

BONIS É. et OLLARD R., « Art. 322-1 à 322-4-1 – Fasc. 20 : Destructions, dégradations et détériorations ne présentant pas de danger pour les personnes », *JurisClasseur Pénal Code*, Lexis, décembre 2017, mise à jour mai 2023.

CÉRÉ J.-P., « Amende forfaitaire », *Répertoire de droit pénal et de procédure pénale*, Dalloz, octobre 2017 (actualisation : novembre 2023).

REDON M., « Tribunal de police », *Répertoire de droit pénal et de procédure pénale*, Dalloz, juin 2017 (actualisation : octobre 2019).
ROBERT J.-H., « Art. 524 à 530-6 – Fasc. 20-10 : Tribunal de police – Amende et indemnité forfaitaires », *JurisClasseur Procédure pénale*, Lexis, février 2023.
ROETS D., « Art. 111-1 – Fasc. 20 : Classifications des infractions », *JurisClasseur Pénal Code*, Lexis, avril 2010, (actualisation : mai 2023).

DICTIONNAIRE SPÉCIALISÉ

CORNU G., *Vocabulaire juridique*, PUF, 15ème édition, janvier 2024.

RAPPORTS ET AVIS INSTITUTIONNELS

AIDES, « L'échec annoncé de l'amende forfaitaire délictuelle étendue au délit d'usage de stupéfiants », novembre 2018.
COMITÉ INTERMINISTÉRIEL DE LA SÉCURITÉ ROUTIÈRE, « Circuler en sécurité et en sérénité sur les routes de France », 17 juillet 2023.
COMMISSION NATIONALE CONSULTATIVE DES DROITS DE L'HOMME, « Généralisation de l'amende forfaitaire délictuelle : un recul des droits pour les justiciables », 3 octobre 2022.
DÉFENSEURE DES DROITS, « Décision-cadre n°2023-030 relative à l'amende forfaitaire délictuelle », 30 mai 2023.
ÉTATS GÉNÉRAUX DE LA JUSTICE, « Annexe 13 : Rapport du groupe de travail sur la simplification de la procédure pénale », 31 janvier 2022.

ÉTATS GÉNÉRAUX DE LA JUSTICE, « Rapport : Rendre justice aux citoyens », avril 2022.
INFOSTAT JUSTICE, « Les délais de la mise à exécution des peines d'emprisonnement ferme », n°124, novembre 2013.
INFOSTAT JUSTICE, « L'opinion des Français sur la justice », n°125, janvier 2014.
INFOSTAT JUSTICE, « Le sursis avec mise à l'épreuve en 2016 », n°155, septembre 2017.
INFOSTAT JUSTICE, « L'évolution des peines d'emprisonnement de 2004 à 2016 », n°156, décembre 2017.
MINISTÈRE DE L'INTÉRIEUR, « Bilan 2022 lutte contre les drogues », 1 mars 2023.
MINISTÈRE DE LA JUSTICE, « Les chiffres clés de la Justice 2023 », 26 octobre 2023.
MINISTÈRE DE LA JUSTICE, « Références Statistiques Justice 2023 », 20 décembre 2023, mis à jour le 29 février 2024.
MINISTÈRE DE LA JUSTICE, « Statistiques mensuelles de la population détenue et écrouée », mois d'avril 2024.
OBSERVATOIRE NATIONAL INTERMINISTÉRIEL DE LA SÉCURITÉ ROUTIÈRE, « Les infractions au code de la route, L'impact sur le permis à points, Bilan statistique 2022 », octobre 2023.
SERVICE STATISTIQUE MINISTÉRIEL DE LA SÉCURITÉ INTÉRIEURE, « Amende forfaitaire délictuelle pour usage de stupéfiants : premiers éléments d'évaluation », 15 mars 2022.
SERVICE STATISTIQUE MINISTÉRIEL DE LA SÉCURITÉ INTÉRIEURE, « Insécurité et délinquance en 2022 : bilan statistique », 28 septembre 2023.

ARTICLES

BISIOU Y., « Cannabis : Payer pour fumer », *AJ Pénal*, n°11, 2017, p. 486.

BISIOU Y., « Amende forfaitaire délictuelle : l'inégalité devant la loi », *Dalloz actualité*, 17 avril 2018 [en ligne].

BISIOU Y., « Amendes forfaitaires délictuelles : le retour du bon docteur Coué », *AJ Pénal*, n°11, 2022, p. 510.

BONIS É., « La forfaitisation de la réponse pénale : la simplification au mépris des droits fondamentaux ? », Actes de colloque, *Lexbase Pénal*, n°7, 19 juillet 2018.

BORDET J. et TEHIO N., « L'injustice des amendes forfaitaires », *Esprit*, 2023/4, p. 13.

COSTE A., « Lumière sur la procédure d'amende forfaitaire délictuelle », *Dalloz actualité*, 29 janvier 2024 [en ligne].

CROCQ J.-C., « Le pouvoir de transaction et de sanction du procureur de la République : le chaînon manquant », *Revue de sciences criminelles et de droit pénal comparé*, 2015/3, p. 595.

DAILLÈRE A., « L'amende forfaitaire, arme du (non-)droit », *Champ pénal*, n°26, 21 décembre 2022 [en ligne].

FINCK N., « Les amendes forfaitaires délictuelles », *Gazette du Palais*, n°24, 18 juillet 2023, p. 11.

GABORIAU S., « Amende forfaitaire délictuelle : une justice au rabais et inégalitaire », *La lettre*, avril 2022.

GABORIAU S., « L'amende forfaitaire délictuelle : surveiller et punir », *Droits & Libertés*, n°200, janvier 2023, p. 13.

JEANNE N., « Réflexions sur la transaction pénale par officier de police judiciaire », *RSC*, n°1, 12 mai 2016, p. 1.

JOBARD F. et BOUKIR K., « La police bientôt dotée d'une nouvelle arme dangereuse, l'amende forfaitaire délictuelle », *HAL open science*, 2019 [en ligne].

LEBRETON T., « Loi d'orientation et de programmation du ministère de l'Intérieur (LOPMI) et procédure pénale », *Gazette du Palais*, n°10, 21 mars 2023, p. 14.

TABLE DES MATIÈRES

Structures éditoriales du groupe L'Harmattan

L'Harmattan Italie
Via degli Artisti, 15
10124 Torino
harmattan.italia@gmail.com

L'Harmattan Hongrie
Kossuth l. u. 14-16.
1053 Budapest
harmattan@harmattan.hu

L'Harmattan Sénégal
10 VDN SICAP AMITIE 3
BP 45034 Dakar-Fann
direction@senharmattan.com

L'Harmattan Cameroun
Tsinga/Derrière polyclinique FECAFOOT
BP 11486 Yaoundé
Jacques.koukam@harmattan.fr

L'Harmattan Burkina Faso
Villa 281, secteur 23 623, rue 14.32
Ouagadougou
zagbie@outlook.fr

L'Harmattan Guinée
Almamya, rue KA 028 OKB Agency
BP 3470 Conakry
harmattanguinee@yahoo.fr

L'Harmattan RDC
185, avenue Nyangwe
Commune de Lingwala – Kinshasa
matangilamusadila@yahoo.fr

L'Harmattan Congo
219, avenue Nelson Mandela
BP 2874 Brazzaville
deunovmikhael@gmail.com

L'Harmattan Mali
Immeuble Mgr Jean Marie Cissé
Aci Hamadallaye
BP 145 Bamako
syllaka@yahoo.fr

L'Harmattan Togo
Djidjole – Maison Amela
face EPP BATOME
02 BP 20680 Lomé
didieramela11@gmail.com

L'Harmattan Côte d'Ivoire
Résidence Karl – Cité des Arts
Abidjan-Cocody
03 BP 1588 Abidjan
harmattan.ivoire@gmail.com

L'Harmattan Bénin
Rue 604, (Immeuble à l'entrée
de la rue UCAO- Cite de Saint-Jean)
Cotonou
stepcorpus@gmail.com

Nos librairies en France

Librairie internationale
16, rue des Écoles
75005 Paris
librairie.internationale@harmattan.fr
01 40 46 79 11
www.librairieharmattan.com

Librairie des savoirs
21, rue des Écoles
75005 Paris
librairie.sh@harmattan.fr
01 46 34 13 71
www.librairieharmattansh.com

www.ingramcontent.com/pod-product-compliance
Lightning Source LLC
LaVergne TN
LVHW021212061026
849535LV00008B/2701